Cómo **hablar** de **cosas importantes** a los **niños**

Cómo hablar de cosas importantes a los niños es un libro para los padres. En él encontrarán la guía para acercarse a conversar de la manera más adecuada con sus hijos acerca de temas importantes como la sexualidad, la muerte de su mascota, los Santos Reyes, un nuevo bebé en la familia y otros muchos cuestionamientos que hacen dudar sobre la forma adecuada de dar una respuesta.

Por fortuna, la amplia experiencia sobre la paternidad y la terapia infantil de Schaefer y DiGeronimo le ofrecen respuestas a la curiosidad que surge a edad temprana en los pequeños que desean saber "¿Qué sucedió?, ¿Cómo me afectará?, ¿Estaré bien?, ¿De dónde vine?" Así, a lo largo de estas páginas, encontrará que es posible dar una respuesta adecuada a esas interrogantes, las cuales le ayudarán a ellos a fortalecer su concepción de la vida.

Cómo hablar de cosas importantes a los niños lo acercará a conocerlos mejor desde edad temprana y a construir una comunicación sincera con la que ellos aprenderán a confiarle sus secretos y temores.

Charles E. Schaefer
Theresa Foy DiGeronimo

Cómo hablar de cosas importantes a los niños

Mier y Pesado 128　　　Tels.　543 70 16 - 682 57 17
Col. Del Valle　　　　　　　　 536 30 31
México 03100, D. F.　　Fax:　682 06 40

CÓMO HABLAR DE COSAS IMPORTANTES A LOS NIÑOS
How to talk to your kids about really important things

Traducción: Susana Liberti
Diseño de portada: Carlos Varela
Ilustraciones: Mónica Jácome
Fotografía: Guisela Murad

Copyright © 1994 by Jossey-Bass Inc., Publishers
D.R. © 1996, Selector, S.A. de C.V.

ISBN (inglés): 1-55542-611-5 (alk. paper)
ISBN (español): 968-403-901-8

Segunda reimpresión. Febrero de 1997.

Características tipográficas aseguradas conforme a la ley.
Prohibida la reproducción parcial o total de la obra
sin autorización de los editores.
Impreso y encuadernado en México.
Printed and bound in Mexico.

Contenido

Introducción 7
Crisis importantes y grandes cambios familiares 13
La adopción 15
El padre alcohólico 29
La muerte de un ser querido 43
La muerte de una mascota 57
La visita al dentista o al médico 65
Desastres: accidentes y catástrofes naturales 73
El divorcio 85
El niño desahuciado 99
El primer día de clases 109
Formas de ayudar a los niños
a expresar sus sentimientos 117
La estancia en el hospital 123
La profesión de la salud mental 133
Nuevo bebé en la familia 141
La repetición de un año 147
Santa Claus, Papá Noel y los Reyes Magos 155

Introducción

Lo que los niños ignoran *puede* dañarlos. Por eso es que hemos escrito este libro, para ayudarlo a usted a hablar con sus hijos acerca de cosas realmente importantes.

Nos damos cuenta que nadie puede decirle exactamente qué decir en todas las situaciones, pero en cada capítulo de este libro le ofrecemos una recopilación única de consejos, información y muestras de diálogos, todos basados en nuestros años de práctica clínica, experiencia de padres e investigación académica.

Esperamos que este libro sea un recurso valioso en los años futuros, cuando le hable a sus hijos sobre sus experiencias y los ayude a atravesar las crisis. También nos damos cuenta que cada situación familiar es única; sabemos que además de los así llamados padres tradicionales hay padres homosexuales, padrastros, padres adoptivos, padres que trabajan y tutores. Así que desde el principio queremos decir que en este libro no hay nada que deba considerarse como el evangelio o como "la única forma correcta". Sin embargo, estamos seguros que los lineamientos que proporcionamos pueden ser adaptados al sistema de creencias y al estilo de vida de su familia, y que le darán una base sólida para construir una tradición de comunicación abierta y honesta.

¿Por qué debe hablarles a sus hijos?

Los niños son naturalmente curiosos respecto al nacimiento, la muerte y todo lo que sucede entre ambos acontecimientos. Finalmente, obtendrán las respuestas a todas sus preguntas, pero ¿de quién? Si quiere ser la fuente fundamental de información para sus hijos, hágaselos saber desde el principio hablándoles abiertamente, de manera concreta y honesta acerca de los muchos temas que son importantes en sus vidas.

Esfuércese por ser un padre "preguntable", es decir, alguien que sus hijos sientan que no los juzgará, ni se burlará de ellos ni los castigará por hacer preguntas. Un padre preguntable responde a las preguntas con palabras y actos que dicen "Me da mucho gusto que hayas preguntado".

Los niños sienten intuitivamente cuán receptivos son sus padres para hablar acerca de ciertos temas. Si usted evita hablar de temas emocionalmente delicados –como la muerte, la adopción, o un padre alcohólico–, ellos aprenderán a guardarse sus preocupaciones. Si usted menosprecia la importancia de experiencias de la vida tales como mudarse a una casa nueva, empezar la escuela o internarse en el hospital, sus hijos supondrán que sencillamente usted no entiende sus temores.

La comunicación franca es una herramienta paterna sumamente poderosa. La información de este libro lo ayudará a usarla a menudo y con sensatez.

Introducción

¿Cuándo debe hablarles a sus hijos?

El contenido de este libro se dirige a satisfacer las necesidades de los niños de cuatro a doce años. Éstos son los años formativos cuando los niños están desarrollando los cimientos de sus creencias, valores y actitudes básicos. También es el periodo en que los niños son generalmente más abiertos y están más interesados en recibir la guía de los padres.

Es ideal iniciar las conversaciones sobre temas importantes mientras sus hijos son aún pequeños. Esto crea un ambiente de honestidad y franqueza que es muy difícil establecer una vez que los niños llegan a la adolescencia. Para entonces, los adolescentes ya han encontrado otras fuentes de respuestas a sus preguntas.

Cómo hablarles a sus niños

La forma en que les habla a los niños es tan importante como lo que les dice. Cada capítulo del libro contiene lineamientos específicos apropiados para el tema. Pero tenga siempre presentes estas reglas básicas:

Sepa de qué está hablando. Para lograr un efecto al dar asesoría o consejo, tiene que presentarse a los ojos de su hijo como un experto en la materia.

Introducción

Lea sobre esos temas. Busque lecturas apropiadas y léalas *antes* de abordar el tema con sus niños. Su opinión será más creíble si ofrece evidencia que la apoye en lugar de emitir simplemente su punto de vista.

Sea confiable. Sea franco acerca de lo que sabe y honesto acerca de lo que no sabe. Evite exagerar la verdad para causar impresión o deformar la verdad para evitarle incomodidad a su hijo o evitársela usted mismo. Haga que sus hijos aprendan que pueden confiar en lo que les dice.

Sea breve. No ande con rodeos; vaya directamente al grano. Mantendrá la atención y el respeto de su hijo si puede evitar la tendencia a dar una conferencia o un argumento largo y complicado.

Sea claro. Use lenguaje simple, concreto, adecuado al nivel de desarrollo de su hijo.

Respete la opinión de su hijo. Pregúnteles a sus hijos qué piensan sobre los problemas, en lugar de decirles simplemente qué hacer o qué pensar. Acuérdese de escuchar y respetar las opiniones de los niños, de manera de hablar *con* ellos más que hablarles *a* ellos. El respeto también involucra darles razones a los niños para que se comporten de determinada manera. Las razones ayudarán a desarrollar la capacidad de pensar del niño y su independencia de opinión.

El libro trata de *por qué*, *cuándo* y *cómo* debe hablar con sus hijos. No discutiremos, ni debatiremos ni disertaremos sobre las muchas teorías y prácticas controvertidas inherentes a algunos de los temas. Nos esforzamos únicamente por darle las palabras que necesita para hablarles a sus hijos.

Introducción

Este libro está escrito por dos personas. Charles E. Schaefer, profesor de psicología de la Universidad Fairleigh Dickinson de Nueva Jersey, quien ha pasado durante muchos años en su práctica clínica, hablando con los niños y sus familias, así como con sus dos hijos. También es autor de treinta libros sobre paternidad y terapia infantil. Estas experiencias le han enseñado la importancia de la comunicación abierta y el valor de las anticuadas conversaciones familiares sobre temas que nuestros abuelos, y aun nuestros padres, pensaban que eran demasiado íntimos, insignificantes o tabú como para ser mencionados.

Theresa Foy DiGeronimo es escritora y madre de tres niños. Sus experiencias cotidianas le han dado oportunidades para "probar" los consejos de Schaefer y para desafiarlo a ofrecer diálogos realistas y prácticos que realmente den resultados con los niños.

Como los autores han trabajado de manera conjunta al escribir este libro, en general se usa el pronombre *nosotros*; sin embargo, el *yo* ocasional es la voz del doctor Schaefer que ofrece su experiencia clínica.

Si usted puede hablarle a los niños pequeños a menudo y abiertamente sobre cualquier tema en el mundo, rápidamente aprenderán que pueden confiarle sus secretos y temores. A medida que los niños crecen, esta confianza enriquecerá su relación y los estimulará a dirigirse a usted, y no saldrán a la calle en busca de la información que necesitan para mantenerse seguros y sanos.

Con este objetivo en mente, esperamos que este libro se convertirá en una fuente confiable a la que podrá recurrir

Introducción

en todos esos días futuros en los que necesitará encontrar las palabras adecuadas para hablarles a sus niños sobre cosas realmente importantes.

Enero 1994

                                  Charles E. Schaefer
                      Hackensack, Nueva Jersey

                            Theresa Foy DiGeronimo
                            Hawthorne, Nueva Jersey

Crisis importantes y grandes cambios familiares

Nos gusta pensar que la niñez es feliz y despreocupada. Pero en realidad, ninguna etapa de la vida está completamente libre de tensión, y a menudo la niñez es una época sumamente susceptible. Las preocupaciones y los temores de los niños se sienten más profundamente y se olvidan con menos facilidad que las de los adultos, quienes han desarrollado mayores capacidades para hacerles frente, amplios apoyos sociales y una perspectiva más extensa basada en más experiencias vividas.

Por supuesto, es cierto que se necesita algo de tensión y de cambio para el crecimiento y desarrollo de un niño. Pero si la tensión se vuelve grave y/o crónica, puede resultar en trastornos psicológicos y físicos. Qué tranquilizador es, entonces, saber que las palabras y la información concreta que se ofrece en los capítulos siguientes puede ayudar a sus hijos a enfrentarse a las cosas con

Crisis importantes y grandes cambios familiares

eficacia, de manera que de las situaciones de crisis no se derive ninguna perturbación emocional duradera.

La oportunidad de las conversaciones padres-hijo es un factor clave para determinar su eficacia. Al advertirles a sus hijos, tan específicamente como sea posible, de próximos cambios en la familia, les da lo que podría llamarse "inmunización psicológica". El comienzo de la escuela, un nuevo hermano, una nueva casa, una internación en el hospital y un divorcio son mucho menos amenazantes si el niño sabe qué esperar y si participa en los planes que se hacen para el acontecimiento.

Algunas crisis de la vida, como un desastre natural o la muerte de un ser querido, pueden suceder repentinamente sin dar tiempo a prepararse. En estos casos hay una especial necesidad de comunicación abierta y honesta de los pensamientos y sentimientos. Los niños también necesitan datos. Querrán respuestas a preguntas como éstas: ¿Qué sucedió? ¿Cómo me afectará? ¿Estaré bien? Las respuestas honestas a preguntas semejantes pueden ser una especie de "sutura" psicológica a tiempo y pueden impedir que se desarrollen problemas serios después del trauma.

Reconocemos que la tensión es una parte inevitable y hasta necesaria de las vidas de nuestros hijos. Los diálogos que se presentan en los siguientes capítulos ayudarán a sus hijos a poner en perspectiva esa tensión y a impedir que se vuelva ingobernable o destructiva.

La adopción

Marge y George tienen dos hijos hermosos. Ambos son felices, sanos y muy amados, pero en un aspecto son muy diferentes. Catherine, de dos años, tiene cabello oscuro y rizado, ojos oscuros y constitución física grande. Jake, de cuatro años, tiene cabello fino y rubio, ojos azules y constitución física menuda.

–Sabemos que no parecen hermano y hermana –dice Marge riéndose– pero no pensamos en Catherine como nuestra hija "biológica" y en Jake como nuestro hijo "adoptivo". Cada uno es "nuestro" hijo.

–Como rara vez pensamos en Jake como adoptado –agrega George–, nos pescó fuera de guardia la mañana en que nos hizo una pregunta que deberíamos haber estado mejor preparados para contestar. Jake quería saber: "¿Cómo es que Catherine tiene cabello y ojos castaños como tú y mami pero yo no?"

"Repentinamente tuve este deseo muy fuerte de mentir. Me di cuenta precisamente entonces que no quería decirle a Jake que él era adoptivo."

Las respuestas a estas preguntas son, en algunos aspectos, exclusivas de cada situación personal. Sin embargo, hay algunos aspectos generales de la adopción que se prestan a la preparación, lo que puede disminuir la tensión de hablar sobre este tema complejo y delicado y puede fomentar el desarrollo de fuertes lazos familiares.

Las muchas caras de la adopción

La definición amplia de adopción significa asumir legalmente la responsabilidad paterna por un menor. No obstante, las circunstancias y necesidades de cada familia adoptiva son enteramente específicas y no se pueden tratar todas en este capítulo. Por lo tanto, hemos decidido concentrarnos en cómo hablarles a los niños adoptados en su primera infancia bajo las reglas de la confidencialidad. Claro está que las adopciones de niños de otra raza, de niños mayores, de niños emparentados y las adopciones abiertas exigen diálogos que no están específicamente incluidos aquí. Sin embargo, muchas de las preguntas que harán los niños en tales circunstancias adoptivas son universales, y los lineamientos para hablarles a todos los hijos adoptivos se mantienen constantes: éstos son los que encontrará aquí. Por favor, busque información más detallada si se encuentra en una de esas situaciones especiales.

La controversia

Hace una generación, muchos padres trataban de mantener la adopción como un secreto para sus hijos. Afortunadamen-

La adopción

te, esta práctica es rara actualmente. Muchos padres adoptivos que decidieron vivir con esta mentira dicen que pasaron los años con el constante temor de que un pariente o un documento perdido los traicionara, o que la verdad saliera después de su muerte. Los hijos que descubrieron el secreto de su adopción "por accidente" dicen que el choque de este descubrimiento les causó una perturbación y una angustia extremas. No hay duda de que comentar abiertamente la adopción es esencial para la sensación de seguridad y confianza de la familia y el sentido de sí mismo del hijo.

La controversia ahora se concentra sobre *cuándo* se les debe decir a los niños que son adoptivos. Algunos investigadores proponen que a los niños no se les debe hablar de su adopción hasta que tienen edad suficiente como para hacer preguntas sobre ella. También se ha sugerido que hablar tempranamente de la adopción satisface la necesidad del adulto, pero no es útil para las necesidades emocionales del niño.

No estamos de acuerdo. Para un niño muy pequeño, la adopción y el nacimiento significan la misma cosa: *cómo llegué aquí*. Decirle a los bebés "Me da tanto gusto que te hayamos adoptado" simplemente hace de la palabra *adoptar* un término tierno y amoroso que se puede explicar con más detalle a medida que los niños crecen y comienzan a hacer más preguntas.

Decirlo tempranamente también asegura que serán los padres quienes les hablarán a sus hijos de la adopción. Esperar demasiado tiempo para decirles aumenta la probabilidad de que otra persona –quizá alguien insensible o cruel– les dé la noticia.

Por supuesto, cuándo decirles a sus hijos que son adoptivos es una decisión personal que ustedes tomarán por sí mismos. Pero creemos firmemente que los hijos adoptivos deberían saber algo sobre la historia de su nacimiento antes de entrar al jardín de niños. Esperar más prepara la escena para una revelación traumática que podría herir al niño y debilitar el vínculo de la confianza familiar.

Cómo hablar sobre la adopción

En muchos sentidos, *cómo* habla usted sobre la adopción es tan importante como *qué* es lo que dice. Podría seguir estos lineamientos cada vez que surja el tema.

Mantenga un tono sereno y cariñoso. Es importante que se transmitan sus sentimientos de amor, comprensión y respeto, sin importar qué hechos esté comentando. Generalmente, esto es fácil de hacer al principio. Pero después, cuando sus hijos hagan las mismas preguntas una y otra vez, o duden de sus respuestas, o griten "Tú no eres mi verdadera madre", se vuelve un poco más difícil mantenerse sereno, amoroso y comprensivo. Sin embargo, especialmente en esas circunstancias, es importante hacer el esfuerzo.

Sea abierto, concreto y honesto. Las respuestas falsas o evasivas pueden producir confusión y desanimar posteriores preguntas. Cuando no se les dan a los niños respuestas honestas, pueden imaginarse algo que es mucho peor que la verdad.

Por ejemplo, a una amiga de mi hija sus padres adoptivos le dijeron que "adoptiva" significa "especial". Cuando esta niñita entró a la escuela y la enviaron a un programa de educación "especial" por una discapacidad de aprendizaje, hizo una asociación que conservó durante años: "Las personas adoptivas tienen dificultades para aprender en la escuela".

Mantenga sus respuestas cortas y simples para el niño pequeño. Trate de no decir más de lo que quiere saber el niño. Una vez, un colega confesó un error que cometió en su ansiedad por decirle lo apropiado a su hijo recién adoptado. Una noche el niño le había preguntado: "¿Dónde está mi madre?". Este nuevo papá comenzó a explicar con gran detalle lo que sabía del paradero de la madre por nacimiento. Cuando terminó, el niño tenía un aspecto muy triste y dijo: "Oh, pensé que había ido a la tienda". El niño había preguntado por su nueva madre adoptiva y ahora estaba completamente confundido y muy preocupado por la respuesta.

Cuando no esté seguro de lo que realmente están preguntando sus hijos, puede pedirles que vuelvan a decirlo o que traten de decirlo de otra manera.

Ofrezca información en pequeñas dosis de manera continua. Nunca se debe presentar el tema de la adopción en una sola y larga junta, cuando se detallan los hechos de principio a fin y después jamás se los vuelve a mencionar. Es necesario comentar los conceptos de la adopción en muchas etapas, para que estén de acuerdo con el desarrollo de su hijo. Ofrezca más información, y más compleja, a medida que piensa que su hijo está listo para comprenderla.

No insista exageradamente en la adopción. Así como una madre por nacimiento no les recuerda repetidamente a sus hijos que salieron de su útero, usted no necesita machacar en la adopción como ruta de ingreso a su familia.

El lenguaje de la adopción

Los niños necesitan hablar de su adopción, pero las palabras que usted elija en las conversaciones pueden colorear la forma en que reciben la información.

Padres "reales". A veces los padres adoptivos se refieren a la madre/padre biológica/o como la madre o padre *real* o *natural*. Evite estas palabras; *ustedes* son tanto reales como naturales para sus hijos. En cambio, use la palabra padre por *nacimiento*. Podría decir, por ejemplo, "Nunca conocí a tu madre por nacimiento".

El niño elegido. Es muy común que los padres adoptivos les digan a sus hijos: "Eras tan adorable que te elegimos para que fueras nuestro hijo". Trate de evitar las palabras como *elegido, escogido* o *seleccionado*. Esto deja a los niños con la posibilidad de ser miembros de la familia sólo por cualidades externas, y que si estas cualidades se desvanecieran ellos desilusionarían a sus padres y ya no serían deseables.

La frase "niño elegido" también implica que estaban disponibles sólo porque alguien más decidió *no* conservarlos. Es mucho mejor explicar que ustedes querían un hijo y que se emocionaron al saber que había un niño esperando para que ustedes lo amaran.

Adoptivo (¿una especie rara?). Puede sentirse orgulloso de su decisión de adoptar y ver que no hay necesidad de ocultarles este hecho a la familia y a los amigos. Sin embargo, tenga cuidado de no usar la palabra *adoptivo* indiscriminada o inadecuadamente. No hay necesidad de proclamar la condición de adoptivos de sus hijos ante las madres en el lugar de juegos, al empleado de control o a los compañeros de juegos de sus hijos. Este énfasis en calificar su relación puede hacer que sus hijos sientan que son diferentes a todos los demás niños.

Qué decir sobre la adopción

La comprensión de los niños respecto a la adopción cambia con la edad y la experiencia. Para profundizar su comprensión y responder a sus muchas preguntas, necesitará seguir elaborando sobre la relación adoptiva a medida que maduran sus hijos. Solamente en la adolescencia su hijo entenderá plenamente los complejos problemas que están involucrados, así que recuerde: hablar sobre la adopción no es un acontecimiento único, sino un proceso que dura toda la vida.

Cómo hablarles a los bebés

Use libremente la palabra *adoptivo* cuando les hable a sus hijos hasta los dos años. Los niños de esta edad entenderán poco, si es que entienden algo, de lo que significa la palabra. Sin embargo, aprenderán a asociarla con una sensación de cariño y seguridad cuando lleguen a acostumbrarse a escucharla en un contexto feliz y amoroso. Haga la prueba con estas frases:

- "Siempre quise un hijo y ahora te he adoptado".
- "Adoptarte es lo mejor que he hecho".
- "Adoptarte a ti fue una respuesta a mis plegarias".

- "El día de tu adopción fue uno de los días más felices de mi vida."

Cómo hablarles a los niños de tres a seis años

Hay dos cosas que usted puede darle a sus hijos adoptivos entre los tres y los seis años: la sensación de pertenencia y los hechos.

A los niños pequeños les encanta oír hablar sobre su infancia. Incesantemente hacen preguntas como "¿Yo lloraba en la noche?", "¿Qué edad tenía cuando comencé a hablar?", "¿Me gustaba ir al doctor?". Use este interés en el pasado y combínelo con álbumes de fotografías, libros de recuerdos del bebé y cosas similares para guiar a sus hijos hacia una mejor comprensión de cómo llegaron a ser miembros de su familia.

Si tiene algún recuerdo de la adopción, reúnalos para que sus hijos los vean: notas de felicitación, anuncios de la llegada del niño, fotografías de la llegada a la casa. A medida que habla de estas cosas, el tema de la adopción tomará su lugar como el comienzo de sus vidas juntos. Esto les dice a los niños pequeños que pertenecen a esta familia.

Como todos los niños de esta edad, ahora sus hijos comenzarán a hacer preguntas acerca de su nacimiento. Usando un lenguaje y conceptos adecuados a su edad, responda sus preguntas honestamente.

"¿De dónde vengo?"

Sus hijos no vinieron de una casa de adopción. Necesitan saber que fueron concebidos y que nacieron igual que los demás niños y luego fueron adoptados por su familia.

La adopción

Podría decirles: "Fuiste hecho por otro hombre y otra mujer y creciste dentro de esa mujer. Naciste de ella igual que nacen los demás niños. Esas personas se llaman tu madre por nacimiento y tu padre por nacimiento. Pero tus padres por nacimiento no podían cuidar a un bebé, entonces nosotros te adoptamos".

"¿Qué quiere decir 'adoptivo'?"

"*Adoptivo* significa tener una madre y un padre que, aunque no son tus padres por nacimiento, quieren cuidarte y amarte por el resto de tu vida".

"¿Por qué me adoptaron?"

"Te adoptamos porque queríamos muchísimo tener un bebé, pero no podíamos (o no queríamos) hacer uno nosotros mismos. Así que nos llegaste por medio de la casa de adopción. Ahora eres nuestro hijo tan completamente como si hubieras nacido de nosotros."

"¿Por qué mis otros padres no se quedaron conmigo?"

"Tus padres por nacimiento eran demasiado jóvenes (o pobres, o inestables o lo que sea) para criar un bebé, así que hicieron planes para que fueras adoptado por padres que te amarían y te cuidarían para siempre."

Trate de enfatizar que se dispuso la adopción a causa de las circunstancias de los padres por nacimiento, no a causa de sus sentimientos. Los principales expertos en adopción han descubierto que la idea de que "me entregaron porque me amaban mucho" puede confundir y angustiar a los niños. Pueden llegar a temer que sus padres adoptivos, quienes "los aman mucho", también los entregarán si se presentan infortunios como el desempleo o el divorcio.

Cómo hablarles a los niños de seis a doce años

A los seis años, la mayoría de los niños comprende la diferencia entre la adopción y el nacimiento como caminos alternativos hacia la paternidad. Durante este periodo gradualmente reconocen la naturaleza permanente de la relación adoptiva. Ahora saldrán a la superficie preguntas más detalladas sobre los padres por nacimiento y la permanencia de la adopción.

"¿Cómo eran mis 'otros' padres?"

Los niños serán naturalmente curiosos respecto a sus padres por nacimiento. Déles a sus hijos cualquier información que tiene sin endulzarla, sin criticar y sin mentir. Si no sabe algo, dígalo así. Si sabe, dígales; a los niños les gusta saber cosas tales como raza, religión, aspecto físico, educación y ocupación. Es menos probable que los niños que conocen este tipo de información acerca de sus padres por nacimiento elaboren fantasías o embellezcan al padre "misterioso".

La adopción

"¿Sabes algo acerca de mi padre?"

Cuando sus hijos preguntan acerca de su padre por nacimiento, dígales cualquier hecho que conozca. Si, como es el caso a menudo, los padres por nacimiento no estaban casados, dígales eso:

"Tus padres por nacimiento no estaban casados. Por eso es que tu acta de nacimiento no nos dice mucho acerca de tu padre por nacimiento."

Ésta es una información que no debe ocultarse, ni subrayarse, ni debe estar seguida de consejos morales. Simplemente es así.

"¿Se puede devolver a los hijos adoptivos a la casa de adopción?"

"No un hijo que yo adopto". No hay necesidad de dar una explicación detallada de las circunstancias excepcionales en las que los padres e hijos adoptivos pueden ser separados. Asegúrese de que sus hijos les oigan decir: "Tú eres una parte de mi vida. Te amo ahora y te amaré siempre, sin importar lo que suceda. Jamás podría vivir sin ti."

"¿Puedo encontrar a mi madre por nacimiento?"

No se sienta herido ni rechazado si sus hijos quieren encontrar a su madre por nacimiento. Es una curiosidad natural que no afecta su paternidad ni el amor que su hijo siente por usted. Poner obstáculos cuando se aborda el tema por primera vez empeorará una situación que puede ser sólo una curiosidad pasajera o una prueba de su amor.

En su libro *La adopción exitosa*, la doctora Jacqueline Hornor Plumez aconseja a los padres que comprendan que la cuestión no es combatir el deseo del niño de buscar a sus padres por nacimiento, sino cuánto ayudarlo. En parte, la respuesta tiene qué ver con la edad del niño. Si su hijo tiene menos de 18 años, muchos expertos desaprueban las reuniones cara a cara. Sienten que la adolescencia es un periodo demasiado confuso como para verse enfrentado a dos pares de padres de carne y hueso.

Pero usted puede ayudar. Preste apoyo y comprensión. Deje que sus hijos expresen sus sentimientos y aclaren sus objetivos. Déles cualquier información que tenga –que no sirva de identificación– y después escuche. La mayoría de los niños quieren respuestas, no un encuentro real. También están buscando la confirmación de su amor y la evidencia de que usted no se alejará de ellos si son honestos acerca de sus sentimientos de pérdida o de su curiosidad.

Cómo responder a comentarios perturbadores

Todos los hijos dicen a veces cosas que hieren a sus padres. Esto puede ser perturbador para cualquier padre, pero para un padre adoptivo estas afirmaciones parecen especialmente amenazadoras. Si su hijo lo agrede en su enojo, mantenga presentes estos puntos:

- Los hijos biológicos hacen lo mismo.
- Este ataque verbal no tiene nada qué ver con la forma en que el niño entró a la familia.
- Todos los hijos deben aprender que hasta los padres amorosos disciplinan a sus hijos.

Luego responda de una manera firme, sin estar a la defensiva.

*"Tú no eres mi verdadera madre.
No puedes hacerme nada."*

En palabras de Pearl S. Buck, hablándole a su propio hijo adoptivo, conteste firmemente: "Soy tu verdadera madre por amor y por la ley".

"Te odio. Deseo que jamás me hubieras adoptado."

"Bueno, yo te amo, e incluso cuando estoy enojada contigo estoy muy contenta de haberte adoptado."

El descubrimiento de preguntas no formuladas

Algunos niños tienen montones de preguntas pero vacilan para pedir las respuestas. A algunos les preocupa parecer ingratos si preguntan acerca de sus padres por nacimiento. Algunos pueden haber sentido la ansiedad del padre acerca

La adopción

del tema. Otros quizá supongan que si ellos debieran saber, usted les diría. Estos niños necesitan que usted cree las oportunidades de hablar.

Podría decir: "Los hijos adoptivos a menudo se preguntan acerca de sus padres por nacimiento. ¿Tienes curiosidad al respecto? Porque si quisieras saber, con gusto te daría cualquier información que yo tenga". O: "Quizá has notado que no tenemos ninguna fotografía tuya en el hospital cuando naciste. Eso es porque te adoptamos unas semanas después de tu nacimiento. Si alguna vez quieres hablar de eso, dímelo. ¿Está bien?".

No hay manera de que usted pueda estar completamente preparado para todas las preguntas que puedan hacerle sus hijos. Pero hay dos reglas generales que pueden guiarlo a través de los años próximos:

1. Empleando un lenguaje y una información adecuados a la edad, sea honesto.
2. Hágales saber a sus hijos que pueden preguntarle *cualquier cosa*.

El padre alcohólico

Joey entró a la cocina por la puerta trasera, caminando de puntillas. Se detuvo y escuchó para tener el indicio que le diría qué hacer. Todos los días era diferente. Algunos días su mamá estaría durmiendo en el sofá; esto significaba que podía detenerse en la cocina y comer algo. A veces la oía llorar; eso significaba que se iba directamente a su cuarto y se quedaba muy callado. Otros días, si Joey escuchaba ruidos de enojo o de furia, volvía a salir y trataba de encontrar algún otro lugar a dónde irse por un rato. Hoy sólo escuchaba silencio –eso era bueno; quería decir que podría comer algo sin alterar a su madre.

Según la Fundación, siete millones de niños viven este tipo de vida desequilibrada con un padre alcohólico. A pesar de esta gran población de hijos afectados, la mayoría de los programas de apoyo se han concentrado en ayudar al padre alcohólico. La filosofía ha sido que el padre es el que debe cambiar para que el hijo viva una vida emocionalmente normal. Ahora sabemos que éste no es el único ni el mejor enfoque de la ayuda a los hijos de padres alcohólicos. Si los padres alcohólicos quieren ayuda o

El padre alcohólico

siquiera admiten que hay necesidad de ayuda o no, a los hijos de estas familias siempre se les puede enseñar a comprender y a manejar el ambiente de su hogar.

Cuando los padres no-alcohólicos tratan de hablarles a los niños sobre el alcoholismo, a veces sienten que están traicionando a su cónyuge alcohólico. Es comprensible que usted se pueda sentir así. Después de todo, se ha unido hasta ahora a la conspiración de silencio de él o ella y quizá lo/la preocupe que decir en voz alta la palabra *alcoholismo* en su hogar (¡Y a sus hijos!) enojará, herirá e insultará a su cónyuge. Es un primer paso difícil de dar y usted también necesita apoyo en su decisión.

Si está vacilando respecto a hablarles a sus hijos, consiga primero ayuda para usted mismo/a. Llame hoy a Alcohólicos Anónimos; el número está en el directorio telefónico. Sus servicios de apoyo e información para la familia y los amigos que están afectados por los hábitos de beber de alguien son gratuitos y confidenciales. Deje que lo/a ayuden a aprender cómo evitar su propio apoyo a la bebida, la vergüenza y el disimulo, de manera que pueda hablarles mejor a sus niños con honestidad y amor.

¿Por qué hablar del alcoholismo?

Los hijos con padres alcohólicos tienen el aspecto y actúan como la mayoría de los demás niños; pasan de un día al siguiente. Pero los profesionales que trabajan con estos niños saben que si no tienen ayuda se enfrentan a problemas permanentes:

El padre alcohólico

- Corren un riesgo mayor de desarrollar una baja autoestima.
- Tienden a tener menos amigos que los niños de su edad que vienen de hogares no-alcohólicos.
- Abandonan la escuela en cantidades mayores que cualquier otro grupo de niños estudiados.

Las estrategias que desarrollan estos niños a través de los años para enfrentarse al problema a menudo establecen un patrón que los sigue hasta la edad adulta. Como adultos, se mantienen incapaces de confiar en sus propios sentimientos o percepciones de la realidad. Los hijos adultos de alcohólicos tienden a temer su incapacidad para controlarse a sí mismos y controlar sus relaciones. Y la investigación sigue descubriendo que, debido a que sus vidas se desarrollaron en medio de la agitación cuando eran pequeños, los hijos de alcohólicos sienten que cualquier expresión de una emoción como la cólera –e inclusive la alegría– significa que ellos carecen de control.

También está muy claro que el alcoholismo se presenta en las familias, y que los hijos de alcohólicos tienen cuatro veces más probabilidades que otros de convertirse en alcohólicos. Por todas estas razones, es muy importante que *alguien* les hable a estos niños sobre cómo el alcoholismo está afectando sus vidas y cómo pueden enfrentarlo.

Cómo hablar sobre el alcoholismo

Chris desarrolló un problema con la bebida cuando perdió su empleo. En esa época, su hija Nicole tenía dos años. Ahora, cinco años después, todavía Chris sigue bebiendo en abundancia y nadie en su casa ha pronunciado aún la palabra *alcoholismo*. Como en la mayoría de las familias de alcohólicos, el problema está embozado en el secreto y la negación. Sin hablar jamás en voz alta sobre la situación, todos saben que es un tema tabú que cada miembro de la familia tiene la obligación de mantener en secreto.

La obligación a menudo lleva al aislamiento social de todos los miembros de la familia. La vergüenza hace que el padre no-alcohólico y los hijos dejen de invitar gente a su casa, no sea que se revele el secreto familiar. Los miembros de la familia también tienden a aislarse entre sí porque no se reconoce al alcoholismo ni se habla sobre él, aunque es un problema siempre presente. La familia entera se siente atrapada.

Hable honestamente con sus hijos. Como el padre no-alcohólico, puede liberar a sus hijos de la trampa del secreto simplemente hablando con ellos. A un nivel apropiado a la edad, sea honesto/a.

A un niño de dos o tres años podría decirle: "Papito tiene una enfermedad que lo hace sentir cansado y a veces lo pone muy enojado".

Después de los cuatro años, puede presentar el tema del alcoholismo y sus síntomas de una manera concreta y realista. Esto les dice a sus hijos que usted está abierto/a a sus sentimientos sobre el tema y que está dispuesto/a a hablar de ello.

Estimule las preguntas y la discusión. Usted puede ofrecer los hechos en respuesta a las preguntas de sus hijos, por supuesto, pero también es una buena idea invitarlos a una discusión abierta. Espere un momento tranquilo, sin prisas (lejos del padre alcohólico), para plantear el tema. Dígales a sus hijos que siente que es importante que ellos sepan por qué el otro padre actúa como lo hace.

Cómo responder a los sentimientos de su hijo respecto al alcoholismo

La vida en el hogar de un padre alcohólico tiende a ser caótica e impredecible. Para sus hijos, el temor, la cólera y la vergüenza son probablemente emociones cotidianas. Los niños pueden mostrar una seudo-madurez porque a menudo tienen que actuar como un padre para sí mismos o para hermanos menores. Pero por debajo de esta madurez hay sentimientos de privación, dependencia y resentimiento. La conciencia de la realidad puede estar obstaculizada porque el padre alcohólico generalmente niega el problema. También es común la baja autoestima, porque los hijos de alcohólicos tienden a sentir que, puesto que algo anda mal en su familia, algo anda mal en ellos.

Cuando observe las reacciones de su hijo hacia el padre alcohólico, busque indicaciones de los sentimientos que se describen en esta sección. También busque oportunidades para dejar que sus hijos hablen sobre sus sentimientos.

El padre alcohólico

Culpa

Sea honesto respecto a lo que está causando la conducta irregular del padre. Los niños tienden a pensar que es su culpa que sus padres beban. A menudo razonan: "Si yo fuera un niño mejor, él dejaría de beber". Desde el comienzo mismo de sus discusiones con sus hijos subraye el hecho de que ellos *no* tienen la culpa del problema de su padre.

Puede explicar el alcoholismo de esta manera: El alcoholismo es una enfermedad causada por beber demasiado alcohol: es decir, bebidas como la cerveza, el vino o el whisky. La enfermedad hace que su padre sienta muchas cosas diferentes, como cansancio, enojo o tristeza. Lo vuelve incapaz de controlar la forma en que actúa. El problema no lo causa ninguna otra persona o ningún incidente. "Ustedes no son la razón por la que su papá sufre de alcoholismo, de la misma manera que no es culpa de ustedes que él les tenga alergia a los gatos o use anteojos".

Ansiedad

Los hijos de padres alcohólicos llevan consigo mucha angustia y preocupación. Les preocupa que sus padres puedan herirse:

"¿Se lastimará mami si se cae?"

"¿Papá tendrá un accidente de auto?"

"¿Se quedará dormida mientras está fumando y le prenderá fuego a la casa?"

La atmósfera tensa y hostil que hay en la casa de un alcohólico puede ser más perturbadora para los niños que la bebida en sí. En estas casas los niños se angustian:

El padre alcohólico

"¿Volverá papá a golpear a mamá?"
"¿Mamá y papá pelearán a gritos esta noche?"
"¿Papá me dará un golpe si le digo que perdí mi bat?"

Los niños tienen una razón válida para preocuparse por su propia seguridad. Las víctimas de incesto y de abuso infantil provienen a menudo de familias alcohólicas.

Aquí hay algunas cosas que usted puede hacer para ayudar a sus hijos a manejar su ansiedad.

Distinga entre las responsabilidades de los niños y de los adultos. Deje en claro que los hijos no son responsables por la seguridad de sus padres; si un padre se hiere, el padre tendrá que entenderse con el problema, no el hijo.

Establezca un plan de acción para los hijos si los padres empiezan a pelear. Indíqueles a sus hijos que ellos no son responsables de detener las discusiones de sus padres y que no deben mezclarse en la pelea. Pero ofrézcales una salida: podría darles permiso a los niños mayores para que salgan de la casa cuando empieza una pelea, para quedarse con un amigo, vecino o pariente de confianza. Para los niños más pequeños, usted podría designar como "amigo de consuelo" a un animal de juguete en especial; dígale a su hijo o hija que abrace este animal cada vez que comience a sentirse angustiado/a.

Vergüenza

Un niño que se avergüenza o tiene temor ante el comportamiento de su padre sentirá vergüenza de invitar amigos a su casa o de invitar al padre a las actividades familiares.

El padre alcohólico

Reconozca los sentimientos de los niños y ayúdelos a planear. Reconozca sus sentimientos diciéndoles a sus hijos: "Comprendo que no quieran que sus amigos vean cómo actúa a veces su madre. Es natural sentir de esa manera". Después preséntales a sus hijos acciones específicas que puedan emprender para aliviar esos sentimientos:

- Podría darles permiso para revelar el secreto de la familia. Si llegan a la casa con amigos y el padre alcohólico está bebiendo, anímelos a decir: "Mi padre tiene una enfermedad que a veces lo hace actuar de manera hostil".

- Puede ayudar a su hijo a hacer amistades y conservarlas mediante deportes y actividades extraescolares. Es importante que los hijos de alcohólicos no se aislen de las actividades que los ayudarán a obtener un sentido más amplio de la realidad del que observan en sus hogares.

Nuevamente, insístales a sus hijos: "La adicción de tu padre al alcohol no es culpa tuya. No tienes razón para sentirte avergonzado o incómodo".

El padre alcohólico

Confusión e inseguridad

En la casa de un alcohólico a menudo no existe un programa diario regular, que es muy importante para un niño. Más aun, sin importar el comportamiento del niño, el padre alcohólico cambiará repentinamente de ser amoroso a estar enojado. Este carácter impredecible le causa mucha confusión a su hijo. Y hasta usted, el padre no-alcohólico, quizá emplee tanto de su tiempo y de su energía inventando excusas para el cónyuge alcohólico y enfrentando sus comportamientos erráticos que le quede poco tiempo para mantener un patrón constante de vida cotidiana. Esta incertidumbre le causa mucha inseguridad a su hijo.

Puede darles a sus hijos algo del orden y la seguridad que necesita su joven psique al proporcionarles los hechos y al hacerles promesas que usted sabe que puede cumplir.

Explique los cambios de humor del alcohólico. En su casa, los niños pequeños reciben una visión deformada de la realidad; comenzarán a pensar que todos los adultos actúan de manera errática e impulsiva.

Dígales a sus hijos: "El alcoholismo hace decir a tu padre cosas que no dice en serio y lo hace hacer cosas que realmente no quiere hacer. Si no fuera un alcohólico, su padre no les gritaría un día por derramar la leche y al día siguiente se reiría por lo mismo –actuaría de la misma manera todas las veces. Pero el alcoholismo lo vuelve impredecible, así que simplemente no sabemos cómo va a actuar o qué va a decir".

Esta explicación debe ayudar a sus hijos a dejar de tratar de "hacer lo correcto" para que papá no se altere.

El padre alcohólico

Como usted sabe, en la casa de un alcohólico no hay nada "correcto".

Ofrezca cierta estabilidad. A pesar de la atmósfera caótica que hay en su hogar, descubra algunas rutinas que sus hijos puedan seguir. Fije una hora para acostarse con la que puedan contar. Establezca una hora para contar cuentos que esté garantizada. Aunque sea una sola vez a la semana, prométales un momento especial que pasarán con usted en el que podrán contar con su atención total y amorosa. Sólo haga promesas cuando esté seguro de que puede mantenerlas. Generalmente, el padre alcohólico promete la luna y rara vez cumple. Así que, por lo menos de usted, haga que aprendan a confiar en una promesa.

Cólera

Generalmente, en los miembros de la familia de un alcohólico hay mucha cólera. Seguramente, sus hijos sienten cólera ante el padre alcohólico porque bebe, y quizá estén enojados con usted por falta de apoyo y protección. A veces, cuando finalmente los niños reúnen el coraje necesario para hablar contra el padre que los ha herido, sus gritos pidiendo ayuda reciben regaños como éstos: "No te atrevas a hablar así de tu madre". O "No me alces la voz. Ya bastante tengo con tu padre". O "No me digas a mí que estás enojado. Dile a él". Estas reacciones estimulan a sus hijos a esconder o ignorar estos sentimientos.

Déles a sus hijos la libertad de expresar su cólera. Anime a sus hijos a decirle cómo se sienten. Hágales saber que pueden gritarle a usted. Simpatice con su cólera. Déles algún tipo de válvula de escape, como almohadas para que las golpeen y oportunidades de hacer ejercicio físico. Dígales: "Sé que estás furioso y entiendo por qué".

Cómo contestar las preguntas de los niños

Una vez que sus hijos se den cuenta que está bien hablar del problema que tiene su cónyuge con la bebida, se sentirán libres para hacerle preguntas a usted. A continuación se presentan algunas preguntas comunes y las respuestas sugeridas, adaptadas de un folleto de Alcohólicos Anónimos, "El niño y el padre alcohólico". Úselas como una guía para ayudarlo a abrirse respecto al problema de su familia y a ayudar a sus hijos a comprender qué es el alcoholismo, cómo afecta sus vidas y cómo pueden enfrentarlo mejor.

"¿Por qué mamá no puede sencillamente dejar de beber?"

"Quizá tu madre quiera dejar de beber (aunque no lo admita), pero su deseo de alcohol es tan fuerte que no puede controlarlo. Por eso es que se le llama una adicción. Cuando la adicción se vuelve tan fuerte, generalmente los alcohólicos no pueden dejar de beber por sí mismos; necesitan ayuda".

"¿Por qué no busca ayuda?"

"Quizá tu madre sabe que bebe demasiado pero le avergüenza admitirlo. Pocos alcohólicos admitirán su pro-

El padre alcohólico

blema. O quizá ha tratado de dejarlo en el pasado y no pudo; muchos alcohólicos dejan de intentar dejarlo porque piensan que no pueden. Pero nadie puede ayudarla hasta que ella esté lista para aceptar esa ayuda".

"¿Puedo ayudarla a dejar de beber?"

"No, no puedes. Rogar, gritar, suplicar, guardar silencio y hasta llorar no dan resultado. Esas cosas sólo hacen que tu madre se sienta más culpable y avergonzada –estos sentimientos la llevan a beber más".

"¿Hay algo que yo pueda hacer?"

"Sí, puedes aprender a tratar con tu madre tal como es ahora. Puedes sentirte libre de hablarme a mí acerca de tus sentimientos y preocupaciones. Puedes aceptar el hecho de que no eres responsable de que tu madre beba y que, sin importar cuánto desees que deje de beber, no puedes lograrlo".

"¿Qué pasa si nunca deja de beber?"

"Siempre existe la esperanza de que tu madre busque ayuda, pero debe hacerlo por sí misma. Hay una organización llamada Alcohólicos Anónimos a la que quizá ingrese un día. Es un grupo de alcohólicos que se ayudan mutuamente a abandonar la bebida y mantenerse sobrios. Pero aunque esto jamás suceda y tu madre siga bebiendo, tú sólo eres responsable por tu propia vida. Lo que tu madre hace no debe hacerte abandonar el intento de amar la vida."

El padre alcohólico

"¿Por qué a veces mi madre me golpea y me grita y después dice que me ama?"

"A menudo los alcohólicos expresan su cólera en aquellos a quienes quieren más. Reaccionan de manera que para nosotros no tiene sentido, pero eso es un síntoma de su enfermedad. Lo que necesitas saber acerca del temperamento de tu madre es cómo enfrentarlo: trata de mantenerte fuera de su camino cuando está enojada y no discutas con ella cuando ha estado bebiendo."

Hablarles a los hijos acerca de un padre alcohólico no es una tarea fácil. Pero no hablar sobre la situación de la familia pone a su hijo en grave riesgo de padecer problemas emocionales permanentes. Si lee este capítulo y decide que quiere hablarles a sus hijos sobre el alcoholismo, mantenga presente esta idea:

Los hijos no deben asumir la responsabilidad de cambiar los comportamientos del alcohólico. El objetivo que usted tiene al discutir el problema es darles a sus hijos una nueva manera de pensar sobre la situación y hacerlos sentir mejor respecto a ellos mismos y sus propias vidas.

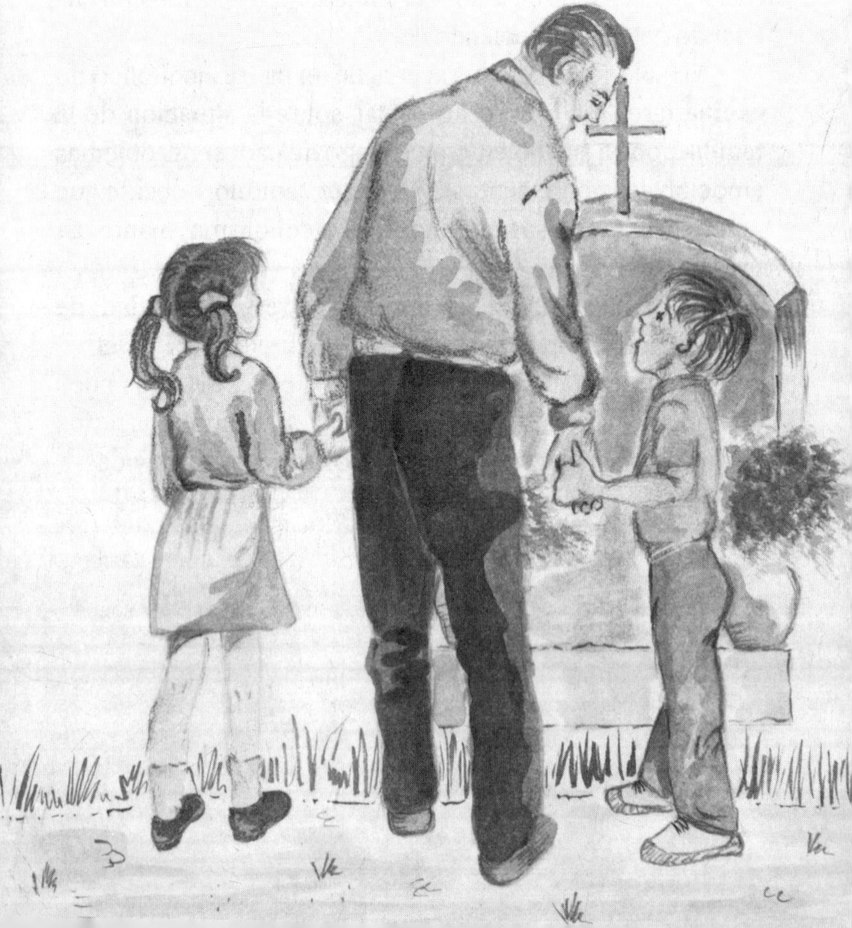

La muerte de un ser querido

El diagnóstico cayó como un rayo: cáncer avanzado en los ovarios. Adria tenía sólo 38 años y era madre de tres niños pequeños.

—Dios querido —dijo llorando en su cama de hospital—, quiero ver crecer a mis hijos. Quiero consolarlos cuando estén lastimados. Quiero estar aquí cuando me necesiten.

Pero ella sabía que su Dios tenía otros planes. Después del shock, las lágrimas y los gritos de incredulidad iniciales, Adria dedicó gran parte de su tiempo preparándose para su muerte. Ella y su esposo Todd hablaron muchas veces hasta altas horas de la noche sobre quién cuidaría a sus hijos cuando Todd estuviera trabajando, cómo administraría él la casa sin ella y quién se convertiría en el tutor de los niños si Todd también muriera.

En las cuestiones prácticas, Adria y Todd estaban preparados para el final. Entonces, una mañana muy temprano, después de que habían llevado a Adria al hospital, llamó el doctor. Adria había muerto mientras dormía, durante la noche. Cuando Todd bajó la vista hacia los ojos interrogantes de sus hijos, que lo habían rodeado mientras colgaba el teléfono, supo que había una cosa para la que no se habían preparado: ¿qué les diría a sus hijos? ¿Cómo podía hacerles entender la muerte? ¿Cómo podía hablarles cuando su propio dolor era tan grande?

Con la esperanza de proteger a sus hijos, muchos padres tratan de evitar que experimenten la pérdida, expresen el dolor y compartan el duelo de la familia después de la muerte de un ser querido. No obstante, una de las lecciones más importantes que usted puede aprender en este capítulo es que los niños tienen las mismas necesidades de los adultos: sentir el duelo y aceptar lo que ha sucedido.

Cómo puede ayudar a un ser querido que se está muriendo

Cuando la muerte se acerca, no es raro que el ser querido que va a morir se aparte de los niños. Algunos dicen: "No quiero que me vean así". Otros dicen: "Quiero que me recuerden feliz y sano". Aunque es comprensible, mantener a los niños lejos del lecho de muerte hace que sea más difícil la aceptación final de la muerte.

Siempre que sea posible, a sus hijos se les debe permitir estar en contacto con el ser querido que está muriendo. Esto les da una oportunidad de compartir sus sentimientos y decir despedidas amorosas. En realidad, un padre, un abuelo, hermano o amigo que va a morir puede proporcionar una oportunidad única para preparar a los niños para la muerte inminente.

La muerte de un ser querido

Anime a los niños a que vean y ayuden a la persona desahuciada. Si es posible, permita que sus hijos tengan un contacto continuo con el ser querido, y oportunidades de "hacer cosas" para la persona. Que los niños compren pequeños artículos, como revistas y goma de mascar, para la persona enferma. Que preparen golosinas o alimentos especiales. Anime a sus hijos a que le pregunten a la persona: "¿Hay algo que pueda hacer por ti?" Esto permite que los niños sientan que están haciendo algo para aliviar el dolor y el sufrimiento de la persona.

Deje que sus hijos visiten a un ser querido que está hospitalizado. Impedir a los niños que hagan esas visitas no los protege; por el contrario, puede llevar a tener sentimientos de abandono. Cuando los niños sienten que se los ignora o hace a un lado, queda lugar para que su imaginación construya fantasías más espantosas que la realidad.

Los niños en edad escolar no se sentirán abrumados al ver a un ser querido enfermo si se los prepara adecuadamente con explicaciones simples y específicas sobre el ambiente del hospital. Es importante describir el equipo e instrumental del hospital en términos del papel útil que desempeñan. Podría decir, por ejemplo: "El tubo que está en el brazo de papá lo alimenta, porque se siente demasiado enfermo como para comer como de costumbre". Se les puede dar a los niños instrumentos tales como una jeringa o el aparato para medir la presión para que los examinen y se familiaricen con los aparatos médicos y se sientan cómodos en el hospital.

Si el aspecto de la persona enferma es notablemente diferente, hágalo notar y relaciónelo con el proceso de una enfermedad que su hijo conozca. Recuérdeles a los niños:

"¿Recuerdas cuando estuviste muy enfermo con un virus estomacal? Te quedaste en cama, en pijama, y no te lavaste el cabello durante unos días y no querías comer nada." Luego explique: "Bueno, tu hermana ha estado enferma en la cama durante un largo tiempo, así que se ve muy delgada porque no come, y no está peinada como de costumbre. Pero aunque se ve un poquito diferente, se sentirá muy feliz al verte".

Anime a los niños a estar físicamente cerca del ser querido. Si no hay riesgo médico, se deben estimular comportamientos tales como sentarse en la cama y tocar y abrazar al enfermo. Estas cosas ayudan a normalizar la situación y la hace menos temible.

Al dar la noticia

Dígales a sus hijos de la muerte rápida y sencillamente. Cuando sea posible, comience hablando de cosas que los niños ya hayan experimentado o notado: "Ustedes saben que últimamente mamá ha estado muy enferma, ¿no es cierto?" Luego, dé los hechos de la muerte: "Acaba de llamar el doctor para decirnos que mamá murió esta mañana".

Consuele con su contacto. Con su contacto, comuníqueles a los niños que no están solos en esto, que usted está ahí. Sostenga cerca a sus hijos, acaricie sus manos de manera tranquilizadora y ofrézcales su abrazo de consuelo.

Ofrezca seguridad de inmediato. Dígales a sus hijos que aunque está triste y perturbada, usted podrá cuidarlos. Si un niño le pregunta si usted también va a morirse, diga con confianza; "Voy a vivir mucho. Es muy probable que tú seas grande y tengas tu propia familia cuando yo muera".

La muerte de un ser querido

Los niños y el duelo

Los niños de tres y cuatro años parecen capaces de llevar el duelo por la pérdida de un ser querido. Sin embargo, para la mayoría de los preescolares es penoso, porque les resulta difícil tolerar la tristeza o la cólera intensa. Por eso inicialmente quizá nieguen la pérdida y eviten experimentarla.

Si sus hijos no expresan pena o fingen que no pasa nada, usted puede ayudarlos a enfrentar sus pensamientos y sentimientos reprimidos. Por ejemplo, si después de la muerte de su padre su hija dice: "Quiero esperar hasta que papito vuelva a casa para cenar", ésa es una oportunidad para que usted la ayude a enfrentar la realidad.

Podría decirle: "Papito ya no va a venir a casa a cenar porque está muerto. Es difícil de creer porque estábamos muy acostumbradas a tenerlo aquí". Después haga que se sienta segura de su presencia continua y de su amor: "Pero yo todavía estoy aquí y he hecho una cena súper especial para ti. Vamos, comamos".

Es típico que los niños no comiencen a mostrar su pena hasta que se sienten seguros de que sus necesidades de cuidado y protección serán atendidas. Aun entonces quizá descubra que los niños más pequeños necesitan experimentar su pena en pequeñas dosis. Por eso es que quizá lloren un momento y después repentinamente quieran jugar; tienen un "periodo de tristeza" breve.

Sus hijos mayores se sentirán tristes por periodos más largos y serán más capaces de expresar verbalmente su tristeza. No obstante, necesitan su ayuda para sobrellevar sus pensamientos y sentimientos dolorosos.

Lineamientos para ayudar a los niños en su duelo

Lo mejor que usted puede hacer para ayudar a sus hijos a superar la pérdida de un ser querido es ayudarlos a enfrentar y aceptar la muerte. Anímelos a llorar si lo desean y a hablar sobre sus pensamientos y sentimientos; esto llevará su pena a la superficie.

Tome la iniciativa para expresar la pena. Si al principio sus hijos vacilan al expresar su pena, puede ayudarlos expresando verbalmente los sentimientos que obviamente tienen y haciéndoles saber que usted también tiene esos sentimientos. Podría decir: "Sé que extrañas muchísimo a Nana. Realmente yo también la extraño".

Reconozca y acepte los sentimientos de los niños. Es más probable que los niños hablen de sus emociones y sus preocupaciones respecto a la muerte si tienen la confianza de que cualquier cosa que sientan es aceptable y normal. El niño que se siente enojado con el muerto por haber partido debe poder decir "Odio a Jeffrey porque se murió" sin escuchar que le contestan "¡Qué cosa terrible has dicho!"

Otro niño, quien se siente culpable por haber causado la muerte de alguna manera, puede insistir "Es culpa mía", y le resultará beneficioso recibir comprensión más que crítica.

Un niño abrumado por el temor al abandono quizá gima "Ahora estoy solo sin nadie que me cuide", aunque obviamente usted está cerca y lista para amar y cuidar al niño.

No descarte ni ridiculice estos sentimientos. Acéptelos como emociones sinceras que son válidas, y no niegue de ninguna manera la relación amorosa del niño con el muerto.

La muerte de un ser querido

Si sus hijos hacen este tipo de afirmación, primero sólo escuche. Déjelos terminar lo que tienen que decir sin interrumpirlos con un regaño como "No digas semejante cosa". Escúchelos hasta el final. Después hágase eco de su sentimiento para demostrar que comprende cómo se sienten. Puede admitir: "A veces yo también me siento enojado". O: "Parece que te sientes culpable por la muerte de abuelita". O: "Puede ser realmente espantoso cuando muere alguien a quien amas y de quien dependes".

Facilite salidas no-verbales para los sentimientos. Los niños verbalmente inhibidos pueden expresar su pena en una variedad de formas no-verbales, tales como insomnio, pesadillas, comportamiento dependiente y dificultades en la escuela. Si sus hijos parecen incapaces de expresar verbalmente sus pensamientos, déles una salida por medio del juego o de actividades artísticas.

Títeres y muñecos son vehículos maravillosos para "hablar" sobre la muerte. Guíe a sus hijos para que imaginen que uno de los títeres o muñecos se ha muerto y pregunte: "¿Qué piensas que siente el otro?", Si su hijo lacónico se encoge de hombros y dice "No sé", continúe: "¿Piensas que se siente triste? ¿O enojado?" Siga haciendo preguntas y dando sus propias respuestas hasta que su hijo se sienta cómodo y participe en el juego.

También puede usar las manualidades para "hablar" de la pérdida de un ser querido. Estimule a sus hijos a dibujar retratos del muerto. Un retrato sencillo se puede enmarcar como un homenaje cariñoso; los dibujos de una ocasión especial compartida con el ser querido pueden evocar recuerdos felices; hasta dibujos imaginativos de la vista a vuelo de pájaro desde el cielo pueden ayudar a los niños a expresar sus pensamientos y sentimientos.

Otra forma de ayudar a los niños a expresar la tristeza en palabras es escribir cuentos y cartas (los niños más pequeños le pueden dictar a usted sus relatos). Sugiérales a sus hijos que le escriban una carta de despedida al ser querido. O podría pedirles que escribieran un relato sobre el recuerdo más alegre que tengan del fallecido. Quizá sus hijos mayores encuentren consuelo al escribir un diario que les permita registrar cualquier pensamiento o sentimiento que necesiten expresar.

Al fomentar estas actividades, usted demuestra que comprende los sentimientos que acompañan a la muerte. Esta actitud les enseñará a sus hijos que hablar de la muerte y pensar en ella es parte natural del duelo por un ser querido.

Al hablar de la muerte

Cuando les habla a sus hijos sobre la muerte de un ser querido, sin duda también estará enfrentando su propia pena. No es realista pensar que siempre dirá lo correcto en el momento correcto. Pero las sugerencias siguientes le darán algunas ideas simples que puede ayudar a los niños a aceptar la muerte.

Dé explicaciones sobre la muerte que sean apropiadas a la edad. Siempre sea veraz y franco con los hechos de la muerte, pero recuerde que la capacidad de sus hijos para comprender varía de acuerdo con la edad.

Los niños de hasta seis años no pueden realmente entender el significado completo de la muerte, especialmente su carácter definitivo y universal.

La muerte de un ser querido

Los niños de seis a ocho años están comenzando a captar lo definitivo de la muerte y tienden a asociarla con criaturas parecidas a los vampiros y fantasmas.

Los niños de nueve o diez están comenzando a darse cuenta plenamente de que la muerte es irreversible e inevitable.

Recuerde. Recuerde deliberadamente al muerto con detalle. Aunque al principio puede ser doloroso, inicie conversaciones amorosas, evocativas, sobre el ser querido que acaba de morir. Refiérase a experiencias pasadas para facilitarle la remembranza a su hijo. A la hora de cenar podría decir: "¿Te acuerdas cuánto le gustaba este pastel de carne al abuelo?" Busque oportunidades de traer a la persona fallecida a sus conversaciones cotidianas.

Un libro de recuerdos también es una buena manera de acordarse de un ser querido. Reúna con sus hijos recuerdos especiales, como fotos y tarjetas, y póngalos juntos en una especie de libro de recortes. Si sus hijos pueden dibujar retratos del muerto o escribir relatos sobre cosas que hicieron con él o ella, agréguelos a la colección. Este tipo de recordatorio físico ayuda a los niños a atravesar el proceso de duelo y también sirve como una conmemoración invaluable que sus hijos siempre atesorarán.

Exprese abiertamente su amor y su apoyo. Aunque usted no puede defender a sus hijos de los sentimientos dolorosos, puede ayudarlos a soportar más fácilmente estas emociones. En las primeras etapas del duelo, los niños necesitan la seguridad de ser amados; esto restablece la sensación de seguridad en su mundo. Durante esos meses difíciles después de una pérdida traumática, una de las mejores maneras de mostrar su afecto es con su presencia. Asegúrese de que su apoyo y afecto ilimitados estén siempre disponibles para sus hijos. Éste no es el momento para que sus chicos "sean valientes" o "sigan adelante;" es el momento del duelo.

No oculte su pena. Para sus hijos es importante verlo expresar ocasionalmente su pena. Explique que "todas las personas lloran cuando se sienten tristes, y eso está bien".

Una amiga que perdió repentinamente a su marido en un accidente automovilístico me dijo una vez: "Sencillamente no les puedo hablar a mis hijos sobre su papá porque cada vez que lo intento empiezo a llorar." Si descubre que hablar sobre su ser querido lo hace llorar, no permita que eso haga que el tema sea tabú en su casa. Admita sus sentimientos ante sus hijos y dígales: "Algunas veces, cuando hablo de su papá, se me saltan las lágrimas porque lo extraño muchísimo, pero me gusta pensar en él y hablar sobre él. ¿A ustedes no?" Esto les dará permiso a sus chicos a hablar también del muerto, aunque les haga sentir ganas de llorar.

Explique sus opiniones filosóficas y religiosas. A medida que sus hijos tratan de aceptar la idea de la muerte, ayúdelos a ver también el lado natural y positivo. Podría explicarles que el amor no muere cuando muere un ser amado. Dígales: "El espíritu de alguien que amas no muere. Vive en tu corazón y en tu recuerdo. Te pertenece para siempre y es tu tesoro."

Los estudios han descubierto que si una familia es religiosa y tiene un sistema de valores trascendentales, estas creencias pueden ayudar a los miembros de la familia a enfrentarse mejor a la muerte. Hable sobre su creencia en una deidad y en el más allá para consolar a los niños y ayudarlos a aceptar la muerte. Por supuesto, la pérdida puede volverse más tolerable si sus hijos creen que un día se reunirán con el ser amado.

Los niños en velorios y funerales

Los velorios y funerales tienen la valiosa función de permitir reconocer, aceptar y enfrentar la pérdida de un ser amado. Estos rituales les pueden dar tres cosas a los niños: (1) una sensación de conclusión; (2) la oportunidad de compartir su pérdida con otros dolientes y que éstos los consuelen, y (3) tiempo para enfrentarse a la realidad de la muerte.

Que su niño asista o no al velorio y al funeral depende de la edad que tenga y de la situación. Un niño en edad preescolar puede sentirse confundido y asustado si algunos adultos presentes están expresando una pena incontrolable. Algunos niños pequeños pueden tener pesadillas con cadáveres o miedo de ir a dormir durante algún tiempo después de ver un féretro abierto. Así que, a menos que un preescolar sea particularmente maduro, es mejor dejar al niño en casa durante el velorio y el funeral.

Si sus hijos son suficientemente grandes como para comprender el ritual del velorio o funeral y quieren participar, estar presentes puede hacer que la muerte sea para ellos menos misteriosa y aterrorizante. Nuestra experiencia indica que los niños de más de cinco años generalmente son lo bastante maduros como para asistir a un velorio o funeral si lo desean. Si no se les permite asistir en estas ocasiones, es posible que se sientan dejados de lado. Pueden sentirse privados de una oportunidad de compartir sus sentimientos y de experimentar activamente el proceso del duelo.

Antes de tomar la decisión de llevar a los niños o dejarlos en la casa, explique cómo son los velorios y funerales, dé oportunidad a que se hagan montones de preguntas y después, cualesquiera que sean los sentimientos del niño sobre su asistencia, debe reconocerlos, comentarlos y valorarlos.

Las siguientes preguntas y respuestas sugeridas son el tipo de información preparatoria que necesitarán sus hijos.

¿"Qué es un velorio y un funeral?"

"Los velorios y funerales son ceremonias en las que les decimos adiós a los que amamos y que han muerto."

"¿Por qué las personas hacen velorios y funerales?"

"La razón por la que hacemos velorios y funerales es que se puedan reunir las personas que están afligidas por alguien y compartan sus sentimientos. Tienen oportunidad de decirles a los demás que amaban a esa persona, que la extrañarán y que siempre la recordarán."

"¿Estará (el muerto) en el velorio y en el funeral?

"Sí. En el velorio su cuerpo estará en una caja larga que se llama ataúd. Podrás ver el cuerpo, pero como el cuerpo está muerto, no puede moverse ni hablar ni saber que estás ahí. En el funeral, la tapa del ataúd estará cerrada así que no podremos ver el cuerpo, pero estará adentro."

"¿Qué haré en el velorio?"

"Estarás junto a mí todo el tiempo. Primero miraremos el cuerpo que está en el ataúd y le susurraremos nuestras despedidas. Después estaremos de pie o sentados cerca y le diremos hola a todas las personas que vengan a compartir su amor y su pena."

"¿Tengo que ir?"

"A muchas personas les parece que los velorios y funerales son una buena manera de decir adiós. Pero a algunas personas les parecen demasiado tristes; les gusta decir adiós de manera diferente, quizá a solas y lejos de los demás. Tú decides. Si prefieres no ir, está bien y nadie se va a enojar contigo. Si vas, estaré contigo y te ayudaré a sentirte tan bien como sea posible. Decidas lo que decidas, sé que amabas (a la muerta) y que la extrañarás tanto como yo."

Vivir la pérdida de un ser amado puede ser una época muy difícil para todos los de su familia. Pero este tipo de trauma emocional puede tener aspectos positivos y de madurez para sus hijos si usted se acuerda de satisfacer estas necesidades básicas:

- La necesidad de sentirse participante e importante
- La necesidad de información clara y adecuada a la edad

La muerte de un ser querido

- La necesidad de seguridad y amor
- La necesidad de recordar
- La necesidad de saber que todas las personas que enfrentan la pérdida de un ser amado se sienten tristes.
- La necesidad de expresar todos los sentimientos sin tener temor de una reprimenda o de una burla.

La muerte de una mascota

El conejito fue un regalo sorpresa para Diane y sus hermanos.

—Recuerdo que mi papá nos llamó temprano una mañana —recuerda Diane— diciendo "¡Miren quién está afuera!" Qué emoción fue espiar y ver a este diminuto conejo blanco parado tan quietecito sobre el nuevo pasto de la primavera.

Todos los niños armaron alboroto para ser los primeros en salir, pero desde el comienzo Diane estuvo más cerca de la puerta y ganó la carrera. El recuerdo es vivo todavía:

—Fui la primera en tocar su piel suave, la primera en alzarlo y sentir el rápido latido de su corazón y mirar sus asustados ojos color rosa. Ésta fue mi primera mascota y la más amada.

Un mes después, Blanquito (el nombre elegido por voto familiar unánime) creció demasiado como para seguir adentro. Como había llegado el tiempo cálido, pareció que era un buen momento para que Blanquito se mudara a la jaula que

La muerte de una mascota

estaba en el patio trasero y que el papá de Diane había construido para él. El exterior era, definitivamente, el mejor lugar para Blanquito: saltaba de un lado a otro hasta el borde del patio y regresaba a Diane para que lo abrazara. Brincaba de un lugar a otro buscando el mejor pasto para comer, volviendo brevemente para beber y comer sus favoritas zanahorias.

Una mañana, como de costumbre, Diane salió corriendo a ver a Blanquito antes de ir a la escuela. Pero esta mañana no frotó su hocico contra la malla para saludarla. Yacía muy quieto y triste: –Pensándolo nuevamente –dice Diane–, recuerdo que noté una mirada inquieta entre mamá y papá cuando, al oír mis gritos pidiendo ayuda, salieron corriendo para ver a Blanquito que yacía inmóvil.

Diane aceptó la explicación de sus padres de que el conejo estaba muy enfermo y necesitaba visitar al veterinario. Su mamá se ofreció a llevarlo al veterinario mientras apuraba a Diane para que se fuera a la escuela.

Pasaron varios años antes de que Diane escuchara la verdad sobre lo que le sucedió a Blanquito después de que ella se fue a la escuela ese día. Parece que el conejo estaba bien muerto cuando Diane lo encontró esa mañana, pero nadie quería decírselo. Su papá cavó una tumba detrás del cobertizo, enterró al conejo y le dijo a Diane que Blanquito estaba con el veterinario, donde los doctores estaban tratando de mejorarlo.

Bueno, la vida siguió y finalmente Diane dejó de preguntar por Blanquito (quien, cuando la historia se repetía, estaba "tratando de mejorarse" eternamente).

–Sé que mis padres mintieron respecto a la muerte de Blanquito –razona Diane– porque querían protegerme de sentirme herida. Pero hasta hoy, no sé si me siento más tonta por haber creído la historia de que "se estaba mejorando" durante tanto tiempo, o enojada por haber sido traicionada por las dos personas que jamás pensé que serían deshonestas a propósito de algo tan importante.

Las etapas de la pena

Es muy común que los padres traten de proteger a sus hijos del dolor causado por la muerte de una mascota o animal querido. Pero con demasiada frecuencia el esfuerzo para protegerlos se convierte, en cambio, en una especie de conspiración de silencio que deja a un niño confundido a solas con su duelo. La pena que experimentan los niños por la pérdida de un animal amado es muy real, y es preciso reconocer ese sentimiento. En calidad e intensidad, la pena por una mascota puede ser la misma pena sentida por un ser humano amado. En realidad, las etapas de la pena que experimentan los niños son las mismas, sea que haya muerto una mascota o una persona. Aunque usted esté enfrentándose a sus propios sentimientos de pérdida, tenga en mente las siguientes etapas de la pena que sus hijos estarán experimentando.

Primera etapa: sorpresa y embotamiento

Cuando la mascota muere, sus hijos sentirán sorpresa y embotamiento. Durante este periodo quizá tengan dificultad para aceptar el hecho de que la mascota está muerta, y los niños de menos de ocho años quizá tengan problemas para

La muerte de una mascota

entender qué es exactamente estar "muerto". El siguiente diálogo entre una madre y una niña de cinco años cuyo perro mascota murió durante la noche, mientras dormía, le dará una idea del tipo de cosas que puede decirles a sus hijos para ayudarlos a aceptar la realidad de lo que ha sucedido.

–Mamita, Tora no se levanta.

–Eso es porque Tora está muerto, Karine.

–¿Muerto? ¿Qué quieres decir con "muerto"?

–Muerto significa que Tora ha dejado de respirar y su corazón ha dejado de latir.

–¿Cómo es eso?

–Porque tarde o temprano todo lo que vive tiene que morir.

–Ahora alivia a Tora.

–Lo siento, tesoro. No puedo aliviar a Tora. Esto no es como cuando se rompió tu patineta y yo la arreglé. O como cuando te dolía el estómago y papi te dio una medicina para que te sintieras mejor. Esto es diferente. Cuando estás muerta no te pueden arreglar.

–¿Por qué?

–Porque así son las cosas. Finalmente todo muere. ¿Recuerdas que la primavera pasada plantamos semillas en el jardín?

–Sí.

–¿Y recuerdas cómo crecieron y se convirtieron en hermosas flores y disfrutábamos al mirarlas?

–Sí.

–Y después de un tiempo todas las flores se marchitaron y nunca regresaron. ¿Recuerdas?

–Sí.

La muerte de una mascota

–Bueno, de eso se trata la vida y la muerte. Tora fue un cachorrito pequeño. Después creció y fue un perro grande y se divirtió mucho con nosotros durante un tiempo. Después se puso viejo y ahora está muerto.

Los niños más grandes pueden querer y necesitar información más específica y concreta. En ese caso, es adecuado hablar sobre la causa de la muerte. Puede explicar cómo afecta a la salud una enfermedad o una herida traumática. De esta manera la muerte de su mascota se puede convertir en una experiencia de aprendizaje.

Tomará un tiempo que sus hijos comprendan y acepten lo que usted dice sobre la muerte de la mascota, pero este tipo de explicación les da información para pensar y los ayudará a pasar a la siguiente etapa.

Segunda etapa: sentimientos exaltados

La segunda etapa implica sentimientos de extremada desdicha. También, durante esta etapa, sus hijos pueden tener expresiones de cólera contra el veterinario o inclusive contra ellos mismos por no haber salvado a la mascota.

Muestre respeto por la pérdida. Cuando sus hijos expresen su dolor o su cólera, respete esta expresión de pena. Es mejor no empequeñecer la pérdida diciendo "Es sólo un animal." Para su hijo no es sólo un animal; era un amigo y confidente y el objeto de su afecto.

Tampoco es el momento de tratar de suavizar la magnitud de la pérdida diciendo: "Te traeremos otro gato." Otro gato jamás podrá reemplazar el carácter único del animal perdido. En esta segunda etapa, es importante reconocer lo que significaba la mascota para el niño y no precipitar el proceso del duelo trayendo una nueva mascota demasiado pronto.

Acepte las expresiones de emoción de los niños. No les sugiera a sus hijos que es una debilidad o una tontería llorar y hablar repetidamente del animal muerto. Anime a sus hijos a dejar salir sus sentimientos. La libertad de expresar los sentimientos –ya sea tristeza, cólera, culpa o lo que sea– es muy importante en el proceso de aflicción.

Cuando sus hijos expresan verbalmente sus sentimientos, usted puede ser sumamente útil si simplemente escucha y les da una contestación que les hace saber que comprende. Si, por ejemplo, la niña dice llorosa "cada vez que miro hacia afuera espero ver a Shane venir corriendo a través del patio", podría contestar: "Sé lo que sientes. A veces me pongo muy triste cuando miro los lugares donde acostumbraba estar".

Tercera etapa: aceptación y nuevo comienzo

Se llega a la tercera etapa de la aflicción cuando el niño ha aceptado la pérdida de la mascota y ha alcanzado un estado de resolución y reorganización. En este momento, sus hijos entenderán claramente que la mascota no va a regresar y habrán aceptado que ese hecho es definitivo. Sus hijos pueden indicar que están listos para reorganizar sus vidas sin la mascota al admitir: "Sería lindo volver a tener un gato". Ahora, los niños sentirán que una nueva mascota no es un reemplazo de la anterior, sino un animal con el cual pueden iniciar una relación completamente nueva.

La muerte de una mascota

No se puede predecir el periodo de duelo de un niño. Algunos niños pueden atravesar estas tres etapas en una semana. Pero si el vínculo niño-mascota era realmente estrecho y largo, puede tomar de ocho a diez meses, que es más o menos el mismo periodo de aflicción que se espera cuando muere un ser humano querido.

Cualquiera que sea la intensidad de los sentimientos y la forma del duelo, la muerte de una mascota es un acontecimiento muy importante en la vida de su hijo. Puede ser una experiencia valiosa si usted dedica tiempo a conversar sobre este tema, a veces tabú, y si hace que sus hijos sepan que usted respeta sus sentimientos. Hablar sobre la muerte de una mascota es una buena manera de ayudar a sus hijos a entender la muerte y prepararlos para pérdidas posteriores.

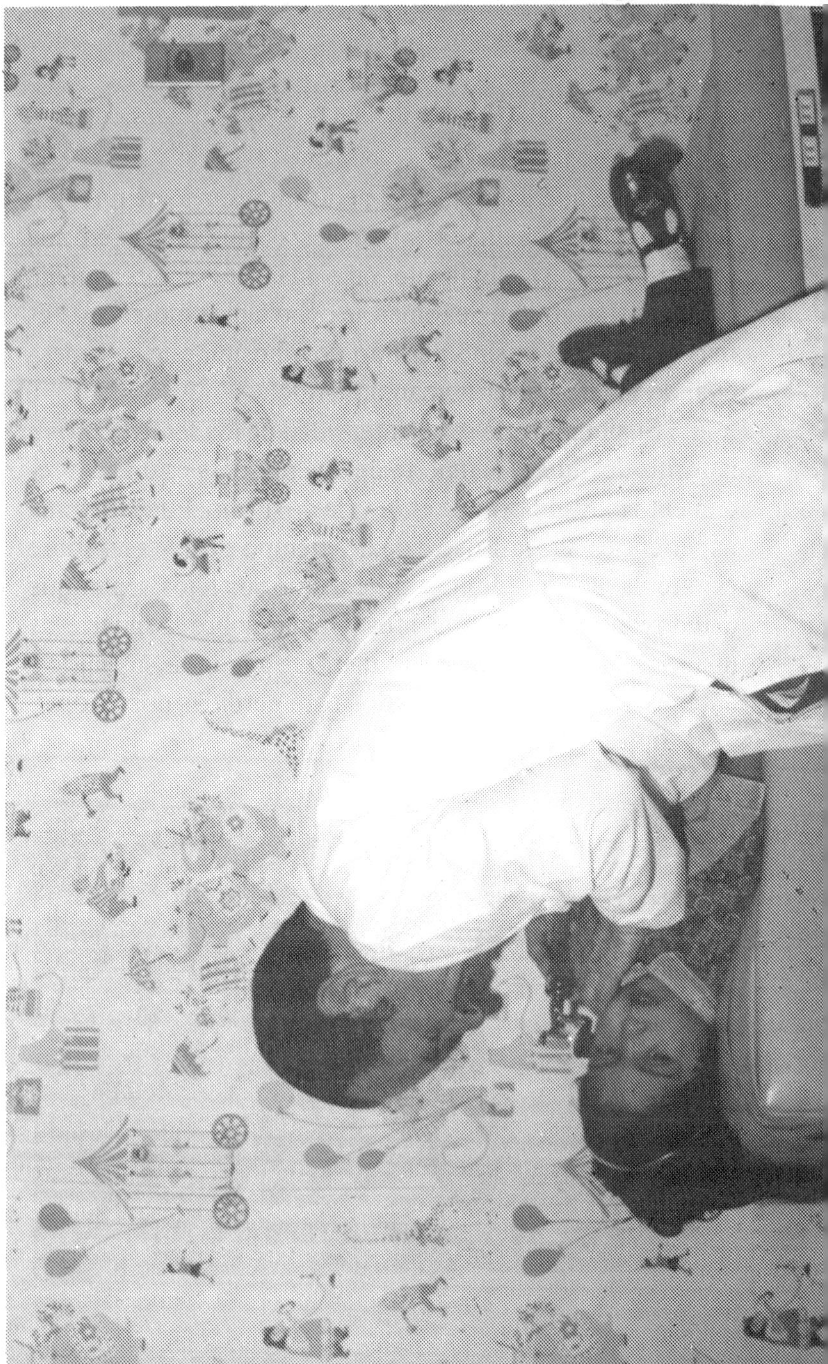

La visita al dentista o al médico

"¿Por qué tengo que ir?"
"¿Qué me hará el doctor?"
"¿Me dolerá?"
"Ma, ¡no quiero ver al doctor!"

Estas preguntas se sucedían una tras otra, hechas por la pequeña de cuatro años que estaba sentada en la sala de espera del doctor. Yo escuchaba, con curiosidad por saber cómo contestaría su mamá las preguntas.

–¡Shhhh! –siseó su mamá. –Vas a ver al doctor y se acabó. Pronto será nuestro turno.

Con un aspecto muy temeroso, la niña continuó gimiendo mientras se aferraba al brazo de su madre buscando consuelo.

No creo que esta madre sea intencionalmente cruel con su hija. Seguramente la niña había visto antes al doctor, y quizá esta madre se había cansado de contestar una y otra vez las mismas preguntas. Pero es precisamente la repetición de la información concreta lo que disminuye el temor que

La visita al dentista o al médico

algunos niños asocian con las visitas a un dentista o a un médico.

Esta madre podría haber calmado fácilmente los temores de su hija. Podría haber dedicado algún tiempo a prepararla para lo que sucedería durante la visita y podría haber sugerido algunas técnicas simples para calmar sus preocupaciones.

Hay varias formas en las que puede ayudar a calmar las angustias de sus hijos pequeños que son especialmente temerosos o que no están familiarizados con médicos o dentistas. Si sus hijos parecen temerles a los doctores, tómese algún tiempo antes de la visita para prepararlos para lo que probablemente ocurrirá.

Establezca una actitud positiva

El miedo es contagioso. Así que si usted tiene sus propios temores respecto a ir a ver al dentista o al médico, tendrá que hacerlos a un lado antes de hablarles a sus hijos. Si está asustada por la enfermedad de su hijo, exprésele sus preocupaciones a su esposo o a una amiga, pero no a su hijo. Si el sonido del torno del dentista le pone los pelos de punta, ármese de una sonrisa y manténgala cuando le hable a sus hijos sobre el trabajo dental.

Puede transmitir un sentimiento positivo acerca del cuidado médico y dental si puede mantener un tono animado en todos sus comentarios sobre la salud. Cuando en las conversaciones de su familia surja el tema de la enfermedad o de las caries, presente siempre el papel de los doctores de una manera positiva y aprobatoria. Podría decir: "Recuerdo

La visita al dentista o al médico

cuando estuve enfermo (o tuve una caries) el año pasado, el doctor sabía exactamente qué hacer para que yo me sintiera mejor. Me dio gusto haber buscado su ayuda."

Además, trate de evitar las amenazas relacionadas con el cuidado personal para disciplinar a los niños. Una madre que conozco siempre instaba a sus hijos a cepillarse los dientes con la advertencia: "Si no se cepillan, tendrán que ir al dentista para que use el torno en sus dientes. entonces sabrán lo que es el verdadero dolor." Naturalmente, cuando llegó el momento de que sus hijos fueran a visitar al dentista, no querían y sintieron más miedo cuando les recordó: "A mí no me lloren. Es culpa de ustedes por no cepillarse los dientes como yo les decía."

Probablemente todos decimos cosas como "Si no te pones el sombrero, te vas a enfermar y será tu culpa si tienes que ir al doctor". Pero la próxima vez, piense dos veces antes de usar esta clase de motivación.

Una vez que ha calmado sus propios sentimientos sobre las visitas al médico y al dentista, es hora de hablarles a sus niños.

La preparación de los niños para la visita al médico

Antes de visitar al doctor, comente lo que va a pasar. Hábleles a sus pequeños que desconocen los procedimientos médicos sobre lo que pueden esperar. Revise los detalles de la visita aun con niños mayores, que se beneficiarán con la tranquilidad que da la repetición. Aquí están algunas cosas que podrían decir:

La visita al dentista o al médico

- "La enfermera te dirá que te quites toda la ropa, excepto la ropa interior."
- "El doctor te pedirá que te subas a una balanza para poder pesarte y medir tu altura. Esto no duele."
- "Quizá el doctor use un instrumento llamado estetoscopio. Es simplemente un tubo que permite que el doctor escuche los sonidos de tu corazón y tus pulmones. Esto no duele en absoluto."
- "El doctor podría usar una pequeña linterna para mirar espacios pequeños como tus oídos. Esto no te va a doler para nada."
- "El doctor te tomará la presión bombeando aire en un brazalete especial que te rodea el brazo. Lo sentirás como un apretón alrededor del brazo durante un momento (haga una demostración estrujando ligeramente el brazo del niño), pero no duele."
- "El doctor o la enfermera te darán una inyección con una aguja. La inyección dolerá uno o dos minutos, pero es muy importante que te la den porque la medicina que recibes de la aguja te ayudará a proteger tu cuerpo contra los gérmenes que podrían enfermarte."
- "El doctor te tomará una muestra de sangre punzándote el dedo y sacando un poquito de sangre. El doctor la examinará para estar seguro de que todo está bien. Te dolerá cuando te pinche el dedo, pero sólo durante un segundo."

Agregue cualquier otro detalle que sepa que será parte de la visita. Si este doctor les da a los niños algún tipo de

La visita al dentista o al médico

obsequio al final de la visita, asegúrese de enfatizar este punto positivo.

La preparación de los niños para la visita al dentista

Cuando programa una visita al dentista, el miedo que probablemente sientan sus hijos proviene de los aspectos desconocidos de esta aventura. Las visitas al dentista generalmente no ocurren tan frecuentemente como las visitas al pediatra, así que sus hijos quizá necesiten algún tiempo para procesar todos los hechos que puede darles. Podría contarles detalles como éstos:

- "Vas a ir al dentista el próximo jueves. Éste es un doctor que cuida los dientes. Este doctor quiere ayudarte a mantener los dientes fuertes y sanos."
- "Cuando entremos al consultorio del dentista, te sentarás en un sillón que se parece al que tenemos en la sala, que se reclina, pero es más divertido porque el doctor lo puede subir y bajar."
- "El doctor te pondrá un gran babero. A todos –hasta a mamá y papá– les ponen un babero al ir al dentista. Esto mantiene seca la ropa de los pacientes mientras el doctor les está limpiando los dientes."
- "Habrá una luz brillante encima de ti. Esto ayuda al doctor a ver todos tus dientes."
- "La doctora pone todos sus instrumentos sobre una pequeña bandeja que está junto a tu silla. Esta

La visita al dentista o al médico

  bandeja contiene cosas como espejitos de mano, palillos de metal y bolitas de algodón."
- "La doctora te pedirá que abras la boca muy grande y después pondrá su espejito en tu boca para mirar todos tus dientes."

Después de haber preparado el escenario, comente los procedimientos que seguirá el dentista. Mencione el uso del aparato de rayos X y el proceso de limpieza de los dientes.

Si sabe que su hijo necesita un empaste, explique lo que significa. Exponga los hechos sobre el deterioro y la reparación de un diente. Podría decir algo así: "A veces en nuestros dientes se hacen pequeños agujeros que se llaman caries. Si un dentista no llena estos agujeros, se vuelven más grandes y más profundos y empiezan a doler. Para componer una caries, el dentista te pondrá un poco de crema en la encía, junto a la caries. Después sentirás un pinchazo (no es necesario que mencione la "aguja"), y entonces tu diente se dormirá."

No necesita usar las palabras *dolor* o *aguja* ni decir "sé valiente" en conexión con una visita al dentista. Las técnicas dentales más nuevas rara vez son dolorosas si el paciente está relajado y no es exageradamente temeroso.

Estrategias para que los niños enfrenten el temor

Si por cualquier razón sus hijos parecen auténticamente asustados del doctor, puede ayudarlos a enfrentarse mejor a la visita inevitable enseñándoles algunas estrategias simples.

La visita al dentista o al médico

Representar papeles. Esto ayuda a los niños pequeños a practicar el examen médico o dental. Cuando presente este juego, sugiérales a sus hijos que usted fingirá ser el doctor y ellos los pacientes. Recíbalos en su "consultorio" y comience el examen. Después sugiera que cambien los papeles, usted será el paciente y deje que sus hijos sean el doctor. Esto les da a sus hijos una sensación de controlar y practicar lo que va a pasar. También podría animar a sus hijos a que jugaran al doctor con sus muñecos y animales rellenos: ellos también necesitan mantenerse sanos.

Practique la autoconversación positiva. En las situaciones de tensión es demasiado común que todos nos digamos cosas negativas, como "No puedo hacerlo" o "Esto va a ser horrible". Este tipo de conversación mental aumenta la tensión.

Enséñeles a sus hijos a relajarse diciéndose a sí mismos cosas lindas y estimulantes. Antes de ir al doctor, ayude a sus hijos a practicar diciendo cosas como "Éste es un buen dentista (médico). Me va bien. Puedo manejar esto. ¡Me va muy bien!".

Recuerde la respiración profunda. Las respiraciones breves y rápidas que hacemos en las situaciones de tensión reducen nuestra toma de oxígeno. Esto puede causar aturdimiento, hiperventilación y otros síntomas relacionados con la tensión. Puede enseñarles a sus hijos a calmarse antes de entrar al consultorio simplemente respirando profundamente y soltando el aire lentamente. Si lo hacen unas cinco veces, comenzarán su examen en un estado más relajado.

Pruebe con la imaginación guiada. Otra treta para reducir la tensión es en realidad un pequeño juego mental que sus hijos pueden jugar en cualquier parte, en cualquier momento. Enséñeles a pensar en un lugar tranquilizante, divertido, mientras están en el sillón del dentista o en la mesa de examen del médico. Ayúdelos a imaginarse que van al campo de béisbol, al lago o al parque de diversiones, cualquier lugar que los haga sentir felices y tranquilos. Esto realmente disminuye la incomodidad de las situaciones tensas.

Sugerencias finales

Una visita al médico o al dentista puede ser perturbadora para algunos niños pequeños, pero es un suceso inevitable que no se puede eludir. Por lo tanto, lo mejor que puede hacer es reducir los sentimientos de aprensión y de miedo dándoles a sus hijos algún control sobre la situación:

- Déles una oportunidad para que hablen sobre sus temores.
- Sea franco sobre lo que va a pasar.
- Enséñeles algunas técnicas simples para ayudarlos a relajarse.

Desastres: accidentes y catástrofes naturales

Gloria y su hijo de siete años estaban parados temblando en el aire nocturno. Observaban las llamas que envolvían su casa elevándose hacia el cielo con creciente fuerza e intensidad. Observaban los chorros de las mangueras atacando a través de ventanas y puertas, pero parecía que el agua retrocedía temerosa mientras regresaba de la puerta del frente y bajaba en cascada por los escalones, saliendo a la calle.

Gloria recuerda:

—Cuando pienso en aquella noche, parada ahí observando que todo era consumido por las llamas, siempre me sorprende lo embotada que me sentía. No lloré ni grité ni sentí pánico. Simplemente me quedé parada ahí, observando. Jacob también estaba muy silencioso. Lo único que recuerdo que dijo fue "Ma, ¿qué pasará con todas mis tarjetas de beisbol? ¿Se van a arruinar?". Es curioso cómo, frente a la destrucción total, las tarjetas de beisbol eran su preocupación máxima.

La pérdida de toda su colección de tarjetas de béisbol en un incendio sobre el que no tenía control probablemente alteraba a Jacob más de lo que su madre podía imaginar. Por cierto, debido a su naturaleza repentina, violenta y destructiva, los desastres tales como incendios, terremotos, tornados, inundaciones y huracanes pueden dejar cicatrices psicológicas duraderas en los niños que sobreviven a ellos.

Si su familia experimentara una tragedia catastrófica, usted podría disminuir el impacto en sus hijos, cualquiera que sea su edad, con una atención cuidadosa a sus sentimientos, temores y preocupaciones a medida que pasan por las tres etapas características de la perturbación emocional.

Primera etapa: shock y confusión

En la primera etapa después de un desastre, sus hijos estarán en shock, aturdidos y perplejos. Su atención estará notablemente restringida; usted notará poca respuesta a los estímulos exteriores como ruidos fuertes o conmociones importantes. Su comportamiento será por reflejos y automático; esto significa que responderán a sus directivas como robots, sin comentarios ni preguntas. También puede notar que sus hijos parecen no tener ningún sentimiento respecto a lo que ha sucedido. Aunque sean evidentes los signos físicos de la tensión, tales como temblores, sudores o aferrarse a otra persona, sus hijos pueden ponerse en un punto emocionalmente neutral hasta que puedan procesar lo que ha sucedido.

Durante esta primer etapa, comprenda que sus hijos están abrumados por sus sentimientos. En este momento, la presencia física de usted será más importante que las palabras. Pero cuando les hable, déles consuelo y seguridad con

Desastres: accidentes y catástrofes naturales

comentarios como "Estoy aquí contigo. Todo va a estar bien. Ya pasó."

Inmediatamente, en esta primera etapa, necesitará monitorear sus propias reacciones al estrés. Es un hecho bien establecido que los niños cuyos padres se enfrentan bien a la calamidad experimentan reacciones menos graves y generalmente temporales. Recuerde: si usted reacciona histéricamente, igual lo harán sus hijos. Si usted reacciona con serenidad, lo mismo harán sus hijos. Por supuesto, después de un desastre usted tendrá sus propias alteraciones emocionales, pero tenga presente que puede ayudar a sus hijos a adaptarse y seguir con sus vidas si mantiene bajo control las señales exteriores de aflicción.

Por otra parte, cuando sus hijos presencien su reacción perturbada, sea sincero respecto a sus sentimientos. Es bueno que sus hijos vean que también está conmovido por el hecho hasta un punto aceptable y que sin embargo puede hablar sobre el acontecimiento y ponerlo hasta cierto punto en una perspectiva positiva.

Para hacerlo podría decir: "No puedo evitar ponerme a llorar al ver lo que le hizo el huracán a nuestra hermosa casa y al vecindario. Pero sé que todos tenemos mucha suerte al estar vivos y sanos y que eso es lo más importante."

O: "Me siento al mismo tiempo tan enojada y tan triste cuando miro el daño que le hizo la inundación a nuestra casa. Pero sé que podemos comprar muebles y alfombras nuevas y poner todo de nuevo en orden muy pronto."

O: "Estoy realmente alterado por haber perdido nuestro departamento en un incendio, pero ahora estoy ansioso por encontrar un departamento nuevo y todavía mejor. Los departamentos se pueden reemplazar. Lo principal es que estamos a salvo."

Segunda etapa: la respuesta emocional

Cuando han cesado las tensiones iniciales o cuando usted y sus hijos han escapado al peligro inmediato, entonces los niños comenzarán a experimentar gradualmente el impacto total de la tragedia. Éstos son algunos síntomas comunes que podría ver en sus hijos durante esta segunda etapa postraumática:

- *Temores y ansiedades.* A menudo hay una ansiedad continua por la repetición del desastre. A causa de esto sus hijos pueden mostrar un sentido exagerado de dependencia de usted: quizá quieran estar con usted todo el tiempo; llorarán si no lo ven; objetarán cada uno de sus movimientos por temor de que se aleje de su lado.
- *Alteraciones del sueño.* Sus hijos pueden experimentar alteraciones del sueño relacionadas con el sentido de dependencia extremo que sienten en este momento. Su preocupación por estar lejos de usted se mostrará en una resistencia a irse a la cama o en una negativa a dormir solos. Esos temores y ansiedades también causan pesadillas recurrentes.
- *Rechazo a la escuela.* No es raro que los niños se nieguen a volver a la escuela después de un desastre. Esto confunde a los padres, quienes ven a la escuela como un lugar donde se reúnen los amigos y se mantiene la normalidad. Pero para los niños

que han experimentado una catástrofe, la escuela es un lugar donde no pueden estar cerca de sus padres, de quienes dependen exageradamente en este momento y quienes pueden resultar heridos si el desastre se repite durante las horas de clase. El temor a ser abandonado es común entre las víctimas de desastres y frecuentemente lleva a una intensa ansiedad por la separación.

- *Cólera y resentimiento.* Los niños pueden estallar en ataques explosivos de cólera no característicos en ellos. Pueden romper y arrojar cosas o golpear a los que aman. La cólera se origina en la confusión: no pueden entender por qué les sucedió algo como esto, y están enojados porque no fueron protegidos del peligro.
- *Regresión.* Para expresar su necesidad de que los cuiden, los protejan y consuelen, algunos niños regresarán a comportamientos propios de los bebés. Chuparse el dedo, mojar la cama, aferrarse a las personas, gemir y hasta gatear no son reacciones extrañas en los niños de cualquier edad.

El alivio de la tensión durante la segunda etapa

Cuando les habla a los niños de cualquier edad durante la segunda etapa de la recuperación, su objetivo es aliviar su tensión. Puede hacerlo siguiendo estos lineamientos:

Describa los hechos. Es importante que usted y sus hijos reconozcan que ha sucedido algo desastroso. Los niños, especialmente, tienen más miedo cuando no comprenden lo que ha pasado a su alrededor. Así que déles a sus

Desastres: accidentes y catástrofes naturales

hijos información exacta sobre lo que pasó y por qué. Comparta lo que sabe sobre la verdad del desastre y su probable impacto sobre la familia. Sus hijos querrán saber cuándo volverán sus vidas a la normalidad. Sea franco al respecto y evite dar seguridades falsas. En muchos casos, el mundo de la víctima jamás volverá a ser el mismo, y las afirmaciones en contrario infundirán falsas esperanzas. Así que dé una evaluación exacta de la situación.

"¿Por qué está pasando esto?"

Si sus hijos preguntan: "¿Por qué hay huracanes (inundaciones, tornados, etc.)?" dígales: "Un huracán es algo causado por la naturaleza, como la lluvia y la nieve y el viento. A veces la fuerza de la naturaleza puede volverse demasiado fuerte y destructiva, pero no es culpa de nadie. Sólo sucede, y aunque podemos prepararnos para estar tan a salvo como sea posible, no hay nada que pueda hacerse para impedir que pasen estas cosas".

Sus hijos podrían comenzar a cuestionar la naturaleza errática del universo y preguntar: "¿Por qué el huracán alcanzó a nuestra casa pero no la de Timmy?" Puede decirles: "No hay una razón definida. La naturaleza no tiene plan exacto para lo que hace. La fuerza de un huracán sólo va de un lado a otro y esta vez dio la casualidad que nuestra casa estaba en su camino."

"¿Por qué alguien haría algo así?"

Si su familia resulta herida en un incendio provocado o en un atentado, sus hijos pueden preguntar los motivos del

Desastres: accidentes y catástrofes naturales

perpetrador. Podría decirles: "En este mundo hay personas que hacen cosas malas. Esto sucede por muchas razones. Algunas personas se sienten tan llenas de odio que hacen cosas brutales y violentas. Otras personas están mentalmente enfermas y hacen cosas terribles sin darse cuenta cuán horribles o destructivas son realmente sus acciones".

"¿Va a volver a pasar?"

Mientras se recuperan del desastre, los niños pronto se preguntarán: "¿Nos volverá a pasar esto?" Dígales la verdad a los niños sobre la probabilidad de que se repita. Si siente que esta catástrofe en particular podría volver a suceder, dígalo, pero asegúrese de tranquilizar a sus hijos diciendo que la próxima vez estarán mejor preparados. Darles a sus hijos formas concretas de protegerse ellos mismos es una manera excelente de aliviar el temor a ser una víctima impotente. Por ejemplo si su familia ha sufrido una inundación, describa cómo va a monitorear la lluvia y la creciente del río la próxima vez, y explique cómo quizá la ciudad se esté uniendo para impedir una repetición por medio de la construcción de desagües pluviales o terraplenes más altos junto al río. Dígales a sus hijos la verdad y déles alguna esperanza.

Brinde consuelo y seguridad. Su comprensión y apoyo puede acelerar la recuperación y, en muchos casos, impedir que haya problemas graves después. Podría decir, por ejemplo: "Estamos todos juntos y no nos ha pasado nada". O: "ahora vamos a quedarnos realmente cerca de ti y te cuidaremos." En las etapas iniciales de recuperación, sostenga físicamente a sus hijos tan a menudo como sea posible y pase más tiempo con ellos que de costumbre. Al

Desastres: accidentes y catástrofes naturales

mostrar valentía y serenidad, puede darles a sus hijos la fuerza que necesitan para enfrentarse a sus temores.

Para la familia es importante mantenerse junta durante y después de una crisis, porque usted es la principal fuente de seguridad de su hijo. Particularmente durante momentos de tensión, los niños necesitan esta sensación de pertenecer a la familia y de estar protegidos por ella. En consecuencia, por ejemplo, no deje a sus hijos con un vecino o pariente inmediatamente después de una crisis, mientras usted sale a inspeccionar el daño. Mantenga a todos sus hijos cerca de usted durante algún tiempo para aliviar sus temores de quedar abandonados y sin protección. Según Anna Freud, la destacada psicoanalista infantil, "El amor por los padres es tan grande que para un niño es un shock mucho mayor quedar repentinamente separado de su madre que sufrir que una casa se le caiga encima."

Tenga cuidado, sin embargo, de evitar los dos extremos de la seguridad. No mime a sus hijos ni los tenga cerca de usted en forma que alimente sus miedos. No diga, por ejemplo: "Pobre niño. Qué prueba tan terrible para alguien tan pequeño. Esto jamás debe volver a pasarte. No sé cómo vas a superarlo". Obviamente, estas palabras de "consuelo" son aterrorizantes. Del mismo modo, no podrá tranquilizar a sus hijos ignorando el terror que han experimentado. No diga: "¡Oh! No fue nada. Eres demasiado valiente como para que te asuste un terremoto." Esto implica que los temores naturales de los niños son infundados y no deben ser expresados verbalmente.

Estimule a sus hijos a hablar sobre sus sentimientos. Después de un desastre, es importante poder compartir la cólera y los temores con otros que demuestran interés y preocupación, así que haga que sus hijos sepan que está bien llorar, gritar o quejarse. La intensidad y duración de los síntomas de los niños disminuyen más rápidamente cuando sus padres son capaces de quitarles tiempo a sus propias preocupaciones después de un desastre para hablarles a sus hijos sobre lo que sucedió y comentar cómo se sienten a propósito de la experiencia.

Algunos niños no necesitan invitación para hablar; sólo necesitan un oyente dispuesto. Para estos niños, trate de estar disponible para escuchar aun cuando usted mismo está obviamente afligido y alterado.

Otros niños no dirán nada, a menos que los ayude a encontrar las palabras que necesitan para desahogar sus sentimientos. Para hacerlo, podría comenzar por expresar sus propios sentimientos: "Estoy tan furioso por haber perdido nuestra casa en el huracán. ¿Tú qué sientes?" Los niños más pequeños podrían encontrar en el juego la salida para sus sentimientos acumulados. Estimule a estos niños a hacer dibujos para mostrar cómo se sienten. Hágalos representar el desastre con sus muñecas o animales rellenos. Déles arcilla o juguetes flotantes para recrear el episodio. Durante estas sesiones de juego, invítelos a explicarle lo que creen que sucedió y qué sienten al respecto.

Tercera etapa: el regreso a la normalidad

La etapa final de la recuperación emocional encuentra la vida de su hijo volviendo a la normalidad. Puede acelerar este retorno haciendo un esfuerzo por reanudar el horario cotidiano tan pronto como sea posible. Aunque estén viviendo en un refugio, con amigos, o entre las ruinas de su propia casa, trate de mantener cosas como las comidas, el juego, la escuela y la hora de acostarse de acuerdo con un programa similar a los días anteriores al desastre. Lo predecible y el orden ayudan a los niños a sentir que controlan su ambiente –una sensación que están tratando de recuperar después de un hecho catastrófico.

También puede animar a sus hijos a ayudarlo a volver a la familia a la normalidad. Pídales que participen en tareas simples y útiles tan pronto como sea posible. Por ejemplo, podría pedirle a un niño que lo ayudara a limpiar la casa después de una inundación, o a limpiar el patio después de un huracán, o a lavar los artículos rescatables después de un incendio. Para un niño es reconfortante ver que las cosas son puestas de nuevo en orden y que se restablecen las rutinas familiares.

El manejo de reacciones excesivas o prolongadas ante la tensión

La mayoría de los niños sólo muestran síntomas postraumáticos temporales. Pero una minoría mostrará reacciones a largo plazo de naturaleza grave. De los niños que han experimentado un trauma, por lo menos de un diez a un veinte por ciento necesitará un consejero en salud mental después del desastre para contrarrestar la ansiedad crónica, la desorientación, la depresión, los cambios de personalidad

Desastres: accidentes y catástrofes naturales

y cosas semejantes. Si después de una o dos semanas ve que su hijo no es capaz de retomar su programa diario o que el niño sigue mostrando señales de alteración emocional grave, es hora de ver a un profesional de la salud mental. Poner la tragedia en perspectiva y dejarla en el pasado impedirá que el incidente cause problemas emocionales a largo plazo en el futuro.

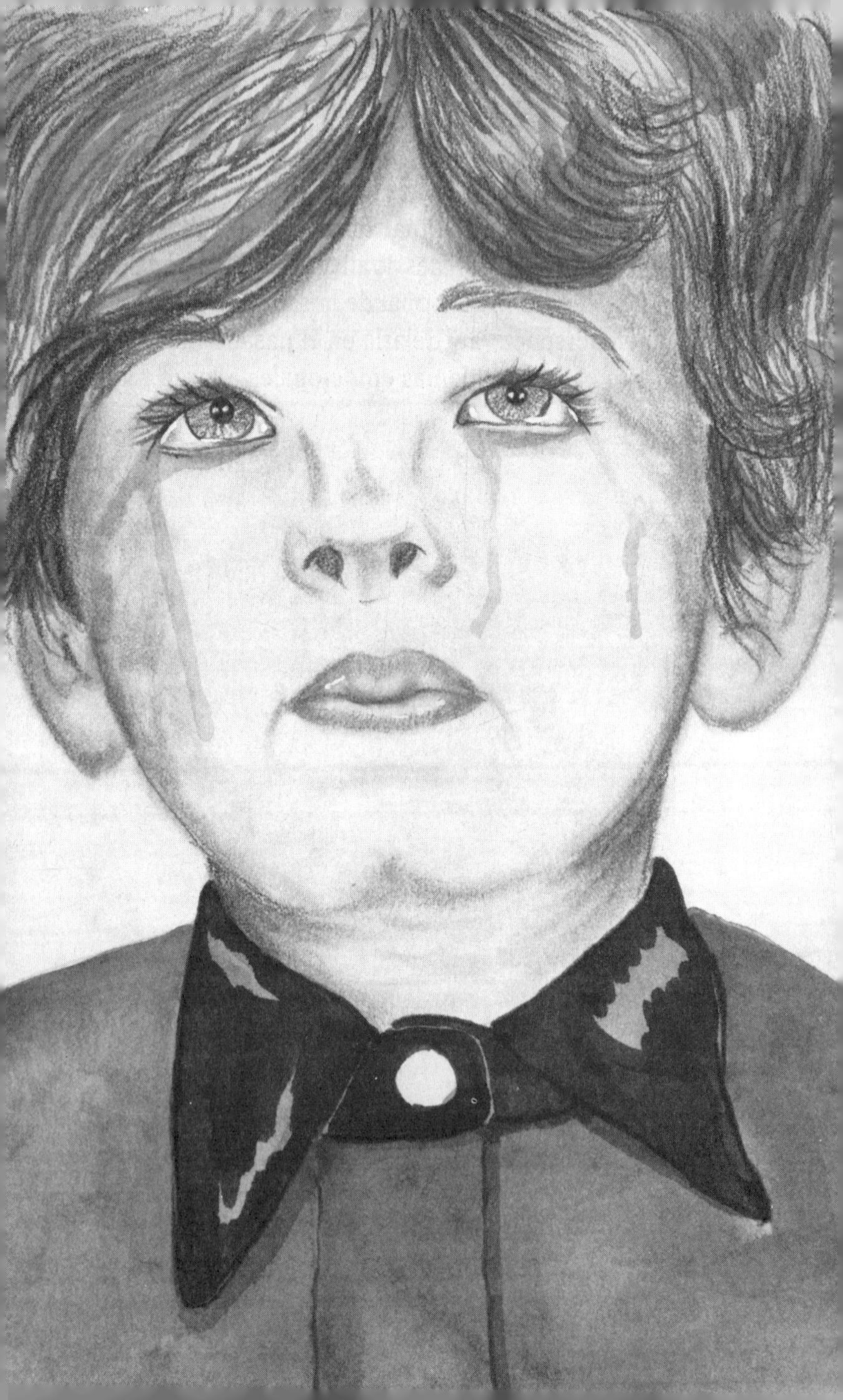

El divorcio

Su matrimonio terminó como tantos, a pequeños pasos, apenas notables, silenciosos. Una noche, antes de acostarse, Ted se sentó junto a su esposa y le dijo que se iría en la mañana: –Simplemente no puedo seguir viviendo así –le confesó–. Esta distancia entre nosotros es insoportable.

Mary se quedó sentada aturdida y paralizada. Sabía que hacía mucho tiempo que su matrimonio había terminado, pero lo concluyente de esta iniciativa parecía algo muy abrupto.

A la mañana siguiente, Ted hizo sus maletas y se dirigió hacia la puerta del frente.

–Papito –lo llamó Lee Ann, de cinco años–. ¿A dónde vas?

Ted le echó una mirada a su esposa y después se agachó junto a Lee Ann: –Papito tiene que irse por un tiempo. Pero te llamaré muy pronto –dijo. Reprimiendo las lágrimas, Ted se incorporó y salió.

–¡Papito, espera! –gritó Lee Ann–. ¿A dónde vas? ¿Cuándo vas a volver?

El divorcio

Sintiéndose asustada y confusa, Lee Ann corrió hacia su mamá en busca de respuestas. Apretando estrechamente a su hija contra el pecho, Mary susurró, entre lágrimas:

–Papito no va a volver, querida. No va a volver.

Lee Ann acababa de unirse a los millones de hijos del divorcio que hay en el país. Y, como es el caso con tanta frecuencia, sin intención sus padres dijeron e hicieron cosas que harán que Lee Ann sufra problemas y sentimientos negativos que pudieron haberse evitado con cierta advertencia o explicación por adelantado.

Para los hijos es traumático que uno de los padres se vaya físicamente. Por eso nunca se insistirá bastante en la importancia de preparar a los niños para la separación. Cuando los hijos están adecuadamente preparados para el divorcio, pueden enfrentarse mejor a lo que vendrá sin perder la confianza en sus padres.

No hay una "mejor manera" de hablarle a sus hijos sobre una separación o un divorcio. Por lo tanto, gran parte de lo que diga dependerá de sus circunstancias personales y de la edad del niño. Pero hay algunos lineamientos generales para discutir este tema tan difícil que pueden aliviar el dolor que sus hijos van a sentir.

Cuándo decirles a sus hijos que han decidido divorciarse

Se les debe decir a los hijos que sus padres han decidido separarse y tramitar un divorcio. Una vez que Ted y Mary llegaron a la decisión final e irrevocable de que su matrimonio había terminado, debieron haber hecho planes para

El divorcio

hablarle a su hija sobre ese hecho antes de que Ted saliera por la puerta. Como no la prepararon, Lee Ann comenzó su nueva vida familiar con una doble desventaja: (1) no se enteró de la decisión hasta después de que su padre se hubiera ido, y (2) su madre tuvo que decirle todo, de manera que Lee Ann se quedó preguntándose qué papel había jugado realmente su padre en este acontecimiento.

Una vez que esté seguro que su matrimonio ha terminado, estos lineamientos lo ayudarán a elegir el momento adecuado para hablarles a sus hijos sobre esta decisión:

Hable con los niños cuando es inminente una separación física. Si les dice a sus hijos mucho antes de la separación en sí, se pasarán demasiado tiempo angustiándose y confabulándose y preguntándose si hay alguna manera de que esto realmente no vaya a pasar. Probablemente, lo mejor es hacerlo una o dos semanas antes de la separación.

Hable con sus hijos en la casa, cuando tenga montones de tiempo para conversar. No dé esta noticia en público –en el parque, en un restaurante o algo parecido. Y no se las diga a sus chicos en un momento en que usted o ellos tienen que salir para el trabajo o la escuela. Déles tiempo para asimilar su anuncio, hacer preguntas, llorar si lo desean y buscar seguridad en su abrazo.

Hable con sus hijos cuando haya alcanzado cierta calma emocional. No importa cuán enojado o alterado pueda estar por la ruptura de su matrimonio, no les eche encima a sus hijos su carga emocional. Por supuesto, puede compartir sus sentimientos de tristeza y trastorno, pero trate de mantenerse calmado.

El divorcio

Cómo decirles a sus hijos que han decidido divorciarse

Aun en el peor de los matrimonios, los niños se sienten heridos por el anuncio final de una separación entre sus padres. No hay nada que usted pueda decir para evitar la herida, pero la forma en que presente la noticia puede disminuir la intensidad de su reacciones.

Ambos padres deben decirles a sus hijos la decisión del divorcio. Es más probable que los hijos acepten el carácter definitivo de la decisión cuando ambos padres se sientan y dan la noticia. Si sólo uno de ellos lo hace, los niños pueden pensar que hubo una discusión y que el otro cónyuge pronto regresará para reconciliarse. Hablar juntos sobre una decisión de divorcio también disminuye la posibilidad de que los hijos escuchen dos historias completamente diferentes o contradicciones que los confunden.

Si su cónyuge no puede estar ahí cuando usted da la noticia, haga arreglos para que él o ella llame o les escriba a los niños casi inmediatamente después de que usted hable. Cuando es posible, los niños necesitan escuchar esta información de ambos padres. Si, por otra parte, su cónyuge no está disponible en absoluto debido a su desaparición, enfermedad mental, hostilidad o algo parecido, tendrá que manejar la situación a solas. En este caso, puede explicar el silencio de su cónyuge (sin cólera y sin emitir juicios) diciendo algo así como "Su papá (mamá) tiene una enfermedad (o lo que sea) y no puede hablar con ustedes sobre esto ahora. Pero yo estoy aquí en cualquier momento en que quieran hablar."

Hablen con todos sus hijos al mismo tiempo. La presencia de los hermanos puede amortiguar el shock y proporcionar una sensación de apoyo y de continuidad familiar. También les permite a los niños más pequeños volverse más tarde hacia sus hermanos mayores en busca de apoyo y aclaraciones. Quizá ustedes quieran hablar a solas con los hijos mayores para ofrecerles una explicación más detallada, pero el anuncio inicial debe hacerse con toda la familia presente.

Sean directos. A los niños se les debe informar de la separación inminente de una manera honesta y directa, sin mentiras, sin excusas, sin falsas promesas. Explicar la situación firmemente y sin vacilación comunicará que la decisión es definitiva.

Qué decirles a sus hijos sobre su decisión de divorciarse

Cuando hablen con sus hijos sobre su decisión de divorciarse, deben tratar de alcanzar tres objetivos:

1. Dar la seguridad del amor constante de ambos padres.
2. Exonerar de culpa a sus hijos.
3. Suavizar el trauma de los cambios de vida que tendrán lugar.

Inicien su diálogo de manera directa. Podrían decir algo así como: "Mamá y papá no son felices viviendo juntos

El divorcio

y hemos decidido que es mejor si nos divorciamos y vivimos en casas diferentes. Los dos seguimos queriéndolos muchísimo y siempre seremos su mamá y su papá".

Después de dar la noticia, sus hijos comenzarán a hacer preguntas o ustedes querrán dar mayores detalles. Generalmente, la pregunta dominante en la mente de los niños es "¿Por qué?"

"¿Por qué?"

Los niños no necesitan saber todas las dolorosas razones personales del divorcio. La infidelidad, el abuso de sustancias, el alejamiento y cosas semejantes son las razones de los adultos para divorciarse; los niños sólo necesitan saber que ustedes ya no se llevan bien y que han tomado la decisión de vivir separados.

Háganles saber a sus hijos que la decisión no se tomó a la ligera ni repentinamente. Díganles: "Durante largo tiempo hemos tratado de resolver nuestros problemas y hemos pensado mucho esta decisión. Ahora estamos finalmente convencidos de que no podemos seguir viviendo juntos".

Si los niños insisten para que dé razones más detalladas, díganles que las razones son personales o privadas y sólo entre los padres.

Después alejen la atención de las razones para divorciarse y concéntrenla en los niños, diciéndoles: "Nuestra decisión de separarnos tendrá efecto sobre ustedes, así que quisimos hablarles sobre lo que va a pasar". Después de todo, esto es lo que más les interesa a sus hijos.

El divorcio

"¿Qué pasa conmigo?"

Una vez más, asegúreles a sus hijos que las personas casadas se divorcian entre sí, pero no se divorcian de sus hijos. Asegúrese de que los niños lo oigan decir: "Nuestra decisión no tiene nada qué ver con nuestro amor por ustedes. Ambos los amaremos y los cuidaremos siempre."

Asegúrese de que sus hijos sepan que inclusive el padre que se va siente por ellos un gran amor y continuará ofreciéndoles amor, consuelo y estímulo.

Después informe a los niños de cualquier detalle que tenga sobre cualquier cambio en la estructura familiar. Dígales lo que pueda decirles en respuesta a preguntas como las siguientes.

"¿Dónde viviré?"

Explique los detalles de cualquier cambio en el ambiente en que vive el niño. Comente las razones por las que tendrá que mudarse a un departamento más pequeño, o por qué están vendiendo la casa o por qué todos se están mudando por un tiempo a casa de la abuela.

"¿Dónde vivirá (el padre o la madre que se va)?"

Lleve a sus hijos a la nueva casa del padre que se va. Camine con ellos por el vecindario. Trate de hacerlos sentirse cómodos y bien recibidos.

El divorcio

"¿Veré alguna vez (al padre o la madre que se va)?"

Explique nuevamente que ambos padres siguen amando al niño y que el padre que se va hará arreglos para visitarlo. Podría decirles a los niños mayores por qué uno de los padres y no el otro tiene la custodia, o por qué han decidido tener la custodia conjuntamente.

*"¿Dónde y cuándo voy a ver
(al padre o madre que se va)?"*

Deje que sus hijos hablen sobre cuándo y dónde les gustaría visitar al padre ausente. Podría pensar en lugares qué visitar y cosas que hacer en los días de visita. Sin importar lo que usted sienta sobre los derechos de visita, mantenga siempre sus conversaciones sobre este tema en un tono animado y positivo.

Cómo pueden reaccionar sus hijos a su decisión de divorciarse

En general, el grado de reacción de un niño ante el divorcio depende de cómo reaccionan los padres. Cuanto menor es el conflicto, la hostilidad y la alteración emocional que presencian los hijos, tanto mejor son capaces de enfrentar la situación y adaptarse. Sin embargo, a pesar de sus mejores esfuerzos para tranquilizar a sus hijos durante los momentos difíciles de un divorcio, hay algunas reacciones comunes y problemáticas, relacionadas con la edad, que usted puede esperar.

El divorcio

Respuestas de los niños de tres a cinco años

Los niños pequeños no pueden captar todas las complejidades de la decisión de divorciarse. En una forma muy simplista, muchos asumirán la culpa. Un niño pequeño puede imaginarse: "Si yo hubiera sido bueno y no hubiera hecho que papi me gritara, él no se hubiera ido."

Otros niños pequeños pueden llegar a temer el abandono completo. Ellos razonan que si un padre se ha ido, el otro también podría irse. Carrie, de tres años, lloraba todas las noches a la hora de acostarse después de que su madre se fue de la casa. Su llanto se calmaba sólo si su papá se sentaba junto a su cama hasta que se quedaba dormida. Este temor de perder a ambos padres es la razón por la que muchos hijos pequeños de divorciados se apegan tanto y lloran por las separaciones más breves, tales como cuando el padre con el que están va al trabajo o inclusive a la tienda. Estos niños se angustian por la idea de quedarse sin ningún padre.

Algunos niños pequeños demostrarán sus temores e inseguridades por medio de la regresión en el desarrollo. Por ejemplo, después de la separación de sus padres, Nathan, de cuatro años, registró la casa buscando la mantita a la que se abrazaba y que había abandonado un año antes. Confundidos por los cambios, los niños pequeños mirarán hacia atrás en busca de seguridad y fuerza. Pueden regresar a comportamientos tales como chuparse el dedo, mojar la cama, lloriqueos y berrinches.

Si sus niños pequeños comienzan a mostrar estas señales de angustia, déles la libertad de expresar sus temores. Tolere sus regresiones ignorándolas; la mayoría de los niños regresan por sí mismos a su etapa pre-regresión en unas pocas semanas. Proporcione su constante paciencia y amor al tratar cariñosamente el repentino temor de la separación. Si quieren ir con usted cada vez que usted sale a ver el buzón, déjelos ir. Este temor al abandono no va a durar mucho.

Además, anime a sus hijos a hablarle de sus sentimientos. Los niños pequeños pueden hacerlo mejor mediante el juego. Usando muñecos o animales rellenos, sugiérales a sus hijos un juego llamado La Casita. Que sus hijos hablen por mamá-muñeca y papá-muñeco. Anímelos a que hagan que mamá-muñeca y papá-muñeco le hablen al niño-muñeco. Los diálogos que inventen sus hijos le darán percepciones de lo que realmente tienen en su mente.

Respuestas de los niños de seis a once años

Los niños mayores, que tienen más conciencia de lo que realmente significa un divorcio, pueden expresar su dolor en una cantidad de formas físicas y emocionales. Sus hijos pueden presentar dolores de cabeza o de estómago. Pueden sufrir pesadillas, pérdida de apetito o patrones de sueño irregulares. Lo más probable es que estos niños mayores muestren signos de tristeza y cólera profundas.

Se puede ver su pena en muchas formas. Pueden llorar mucho. Pueden regresar a una etapa de lloriqueos y gimoteos. Pueden volverse letárgicos o reservados. Si les pregunta: "¿Qué te pasa?", se alejan o contestan tristemente: "Oh, nada (suspiro)".

El divorcio

Este malestar mental puede afectar la capacidad de concentración de un niño y por lo tanto influirá en sus logros escolares. Si nota cambios en el comportamiento de sus hijos, probablemente sea mejor hablar con su maestra del divorcio. Los maestros se pueden convertir en aliados si conocen las razones de los cambios repentinos de humor o de los problemas de conducta.

La cólera también tiene muchos rostros. Los niños mayores están desarrollando un sentido estricto del bien y el mal, y el divorcio parece "mal". Janet, de nueve años, mostraba su cólera en su contestación irritada a cualquier cosa que dijera su madre. Si su mamá simplemente le preguntaba: "¿Qué quieres desayunar?", Janet contestaba: "¿Qué te importa? Sólo te preocupas por ti misma." Y luego salía violentamente de la habitación.

Otros niños pueden mostrar su cólera por medio de una forma de agresión pasiva. Por ejemplo, Jason, de diez años, jamás le hablaba bruscamente a su papá después de que se fue de la casa, pero en cambio decidió ignorar su presencia. Fingía que no oía nada de lo que decía su padre. A propósito "olvidaba" que se suponía que estaría en la casa para recibir su visita. "Accidentalmente" colgaba el auricular si su papá llamaba por teléfono. Como muchos preadolescentes, Jason tenía un fuerte sentimiento de lealtad a quien tenía la custodia y dirigía su cólera a su papá, que se había ido.

Es mejor manejar las reacciones de los niños de seis a once años con muchísima paciencia y comprensión. Aunque usted debería mantener cualquier forma de castigo que usaba antes de la separación, trate de ser paciente con sus hijos mientras se ajustan a su nueva situación familiar.

El divorcio

Los especialista pediátricos aconsejan a los padres que permitan que los niños furiosos expresen abiertamente sus sentimientos. La respuesta colérica de los niños preadolescentes al divorcio, dicen ellos, es difícil de modificar porque cumple un propósito defensivo de rechazo al dolor y la pena. Lo que usted puede hacer es reconocer la causa de la cólera y mantener siempre su puerta abierta.

Si sus hijos no parecen dispuestos a hablarle de sus sentimientos, podría iniciar la conversación diciendo algo así:

"A veces me siento inquieta por el divorcio. ¿Te sientes alguna vez de esa manera?"

O: "¿Has notado cómo han cambiado las cosas aquí desde que se fue tu padre?"

O: "¿Qué te parece estar yendo y viniendo entre esta casa y la de tu madre?"

No insista mucho en obtener una respuesta, pero siga ofreciendo su hombro comprensivo. Si se les da repetidamente la oportunidad, la mayoría de los niños finalmente hablará sobre lo que tienen en la mente.

Los siguientes "sí" y "no" también ayudarán a sus hijos a hablar sobre su decisión de divorciarse y a aceptar este cambio en su vida.

"Sí" y "No"

Sí

- Anime a sus hijos a expresar verbalmente sus sentimientos y a hacer preguntas.

El divorcio

- Escuche atentamente sus preocupaciones.
- Desaliente las ideas esperanzadas de los niños de que esto pasará y pronto tendrán de nuevo a ambos padres juntos en un hogar feliz (aunque sea su propio deseo).
- Recuerde que generalmente no es suficiente decirles a los niños una vez. Las conversaciones repetidas les dan a los niños la oportunidad de digerir la noticia dolorosa y aceptar que es real.
- Asegúreles repetidamente a sus hijos que el divorcio no es culpa de ellos.
- Dígales a sus hijos que ambos padres los aman ahora y los amarán siempre.

No

- No sea indeciso. Si el divorcio va a ocurrir, dígalo así con firmeza, sin dejar lugar para variaciones.
- No culpe de la ruptura a su ex cónyuge (aunque la culpa sea claramente de una de las partes).
- No hable mal de su ex cónyuge delante de los niños.
- No pida jamás a sus hijos que tomen partido.
- No recurra a sus hijos en busca de apoyo emocional.
- No desaliente la expresión de las emociones diciendo cosas como "Sé valiente. Muéstranos lo fuerte que eres".
- No trate de minimizar la pérdida con comentarios como "Oh, de todas maneras nunca veías mucho a tu padre".

Cuándo buscar ayuda profesional

Aunque la mayoría de los padres e hijos se adapta a los cambios provocados por el divorcio, a veces la asesoría profesional puede ayudar a las familias durante la época de transición. Si usted o sus hijos experimentan síntomas de perturbación tales como largos periodos de llanto, depresión o ansiedad grave, disminución del desempeño en el trabajo o en la escuela o berrinches explosivos durante más de seis semanas, quizá encuentre que la asesoría de un profesional en salud mental –tanto terapia individual como familiar– alivia el dolor, previene problemas futuros y proporciona el apoyo emocional que se necesita.

Aun después del periodo de ajuste de los primeros seis meses, su divorcio seguirá teniendo un gran impacto en sus niños. Por el resto de sus vidas, la ruptura de la familia afectará las vacaciones, los cumpleaños, las graduaciones y cosas semejantes. Continuamente usted necesitará hacer un verdadero esfuerzo para seguir hablando de los sentimientos y preocupaciones a medida que cambian las edades y necesidades de sus hijos.

El niño desahuciado

La pequeña Brett, que había estado durmiendo una siesta en el sofá, se despertó con el ruido del llanto de su madre. Linda había estado llorando toda la tarde y ahora tenía los ojos tan hinchados que estaban casi cerrados. Le dolía el corazón mientras oía el eco de las palabras del pediatra al ritmo del latido doloroso que le destrozaba la cabeza: "leucemia, leucemia, leucemia", una y otra vez.

Cuando Linda levantó la cabeza de la mesa de la cocina, Brett se trepó a sus rodillas, se acurrucó junto a su pecho y susurró:

—Mamita, ¿me voy a morir?

Sollozando, Linda apretó a su hija contra su corazón y juró:

—Oh, mi adorada hija, no. No te dejaré. No te dejaré.

Esto sucedió hace cuatro años. Ahora, después de un viaje agotador a través del laberinto médico de la terapia del cáncer, el final está muy cerca. Los doctores dicen que Brett puede resistir sólo unos días más.

—Mamita —llora Brett—, ¿voy a morirme?

El niño desahuciado

Esta vez Linda no tiene palabras de consuelo. Sosteniendo a su hija cerca de su adolorido corazón sólo susurra:
–Oh, mi querida hija.

Hablarle a un niño o niña sobre su muerte es seguramente la tarea más dolorosa que puede realizar un padre. El trauma emocional rodea la situación, haciendo que para los padres sea extremadamente difícil saber qué decir y hacer. Las incertidumbres abundan: "¿Debo mantener en secreto la gravedad de la enfermedad?" "¿Qué objeto tiene decirle a un niño que va a morirse?" "¿Realmente, ella puede entender la muerte?" "No puedo resolverme a hablarle a mi hijo de la muerte. Simplemente no puedo hacerlo".

A pesar de la dificultad, la mayor parte de sus conversaciones con su hijo desahuciado saldrán de su corazón, no de las frases escritas que se sugieren en este capítulo. Sin embargo, lo que podemos ofrecerle son algunas percepciones recogidas de la investigación en este campo y lecciones aprendidas de otros padres que se encontraron en la misma circunstancia desgarradora.

Las etapas de la pena

La doctora Elizabeth Kübler-Ross, una experta en la muerte, ha descrito cinco etapas de respuesta que los padres pueden esperar atravesar cuando se dan cuenta que su hijo está muriendo. Estas etapas influyen en cómo le hablan los padres a su hijo y qué palabras dicen.

Negación

Es característico que los padres de un niño desahuciado muestren una reacción inicial de negación. Durante esta etapa, no le dicen nada al niño sobre su grave estado porque creen que la muerte no tendrá lugar. En cambio, se dicen a sí mismos que ha habido un error, que habrá una cura milagrosa, que esto no está sucediendo realmente.

Cólera

Cuando ya no se pueden mantener más tiempo los sentimientos iniciales de negación, éstos son reemplazados por manifestaciones de enojo y furia. A menudo los hijos presencian estallidos coléricos cuando sus padres explotan verbalmente contra los médicos, entre sí, contra Dios u otros miembros de la familia.

Los padres pueden perder fácilmente la paciencia con los hermanos o, en ocasiones, hasta con el niño que está enfermo. Durante esta etapa, los niños críticamente enfermos pueden culparse a sí mismos de la cólera de sus padres. No obstante, es improbable que los padres se sientan listos para conversar con sus hijos sobre la muerte.

Negación

Los padres afligidos pueden prometer que abandonarán vicios o que realizarán un servicio heroico, aplacando a Dios o beneficiando a la humanidad, a cambio de una cura o hasta de una prolongación temporal de la vida. Durante esta etapa, los padres comenzarán a tranquilizar a su hijo asegurándole que pronto se recuperará y volverá a tener buena salud.

Depresión

Cuando los padres del niño terminalmente enfermo ya no pueden negar efectivamente la seriedad de la enfermedad, generalmente se desarrollan síntomas depresivos. Al comienzo, los padres se deprimen por el sufrimiento del niño y su desfiguración, si la hay. A medida que pasa el tiempo, los padres sienten otro tipo de pena como preparación para la separación final del niño. Durante esta etapa, los niños también se ponen muy tristes y se preocupan por sus padres, a quienes observan a menudo llorando.

Aceptación

Si los padres han tenido suficiente tiempo y ayuda para superar las primeras cuatro etapas, contemplarán el próximo final con un cierto grado de serena expectativa. No se debe confundir la aceptación con la felicidad, pero se la puede percibir como una casi carencia de sentimientos. Es como si la pena se hubiera ido, la pelea hubiera terminado, y hay tiempo para un descanso antes del viaje final del niño.

Su deseo de proteger a su hijo

A medida que atraviesa estas etapas ¿puede imaginar que sus hijos no saben lo que está pasando? Porque lo más común es que los padres quieran proteger a su hijo desahuciado de la angustia de esta información, quizá le ordenen a la familia, a los doctores y enfermeras que le oculten el pronóstico al niño. "No podía soportar que mi hijo supiera que no iba a estar aquí para jugar beisbol la próxima primavera como yo le prometí", dijo un papá, recordando las razones para mantener en secreto la gravedad de la enfermedad de su hijo.

Natural como puede ser esta actitud protectora, no es la mejor manera de manejar esta situación. Los niños fatalmente enfermos tienden a saber más de lo que creen sus padres. Estos niños observan los rostros de sus padres cuando hablan con los doctores. Escuchan atentamente mientras sus padres hablan con otros miembros de la familia. Ven las lágrimas y observan las sonrisas falsas y las acciones cargadas de tristeza de todos los que los rodean. Se ha sabido que los niños terminalmente enfermos fingen dormir para obtener información sobre su salud.

Parece que a pesar de los esfuerzos por evitar que los niños con una enfermedad fatal tomen conciencia del pronóstico, ellos de algún modo captan la sensación de que su enfermedad es muy seria y muy amenazadora. Por lo tanto, la ocultación de la gravedad de la enfermedad sólo viene a sumarse a los temores del niño.

Lo que más temen los niños

Los temores de los niños fatalmente enfermos variarán de acuerdo con su edad. Antes de los cinco años, los niños temen la separación de sus padres más que a la muerte. Estos niños no tienen la edad suficiente para comprender el concepto de muerte, así que no se preocupan verdaderamente por la naturaleza fatal de su enfermedad; en cambio, se preocupan porque "muerte" significa que estarán solos, abandonados por sus padres. Cuando usted les hable a estos niños es mejor no concentrarse en la muerte. Gaste su energía convenciéndoles de que jamás los dejará, de que usted estará cerca durante los procedimientos médicos, de que estará con ellos cada vez que lo necesiten. El consuelo de su presencia es lo que más necesitan estos niños.

Los niños más grandes, sin embargo, sí tienen alguna comprensión del concepto de muerte. Investigaciones recientes han descubierto que, contrariamente a lo que se creía antes, niños de seis años y más, con pronóstico fatal, no sólo están conscientes de que se están muriendo sino que pueden expresar esa conciencia en palabras relacionadas con la muerte. Aunque es cierto que estos niños están sobre todo exteriormente ansiosos por las operaciones, las agresiones a su cuerpo y las agujas, también sienten que están muy enfermos y que pueden morirse. Están ansiosos de que sus padres los ayuden a conversar sobre la enfermedad, la muerte y cómo se muere.

¿Por qué hablarles sobre la muerte a los niños desahuciados?

En su libro *El síndrome de Damocles*, el psicólogo Gerald Koocher y el psiquiatra John E. O'Malley describen los resultados de un estudio que hicieron de 117 sobrevivientes al cáncer infantil y sus familias. Descubrieron que "cuanto antes se le decía al niño el diagnóstico, más probable era que él o ella se adaptara bien... La actitud directa y franca en todos los asuntos asociados con la enfermedad parece fomentar una adaptación mejor entre los pacientes de cáncer infantil". Este descubrimiento se repite en toda la literatura médica. Hablar sobre una enfermedad crítica y terminal ayuda a los niños a enfrentarse a ella.

En otro estudio, las familias de niños que habían muerto de una enfermedad grave a los seis años o más, informaron que la comunicación abierta sobre la enfermedad dio por resultado que aumentaran los sentimientos de intimidad con los niños. Las familias cuyos hijos murieron sin comentar la enfermedad o la muerte inminente, generalmente expresaron el deseo de haber hablado más abiertamente con su hijo. Estos padres describieron sentimientos de inconclusión. Nunca tuvieron la oportunidad de decir adiós. Los investigadores también hallaron que la comunicación franca con los niños respecto a su enfermedad y sus preocupaciones hasta puede ayudar a disminuir los sentimientos de aislamiento, temor y soledad.

Definitivamente, usted debe hablarle a su hijo desahuciado sobre el diagnóstico y el pronóstico. La discusión honesta bien puede resultar en una mejor adaptación psicológica del niño y también de usted.

Cómo contestar las preguntas de un niño desahuciado

Muchos niños terminalmente enfermos quieren discutir su muerte cercana. Si su hijo saca el tema, debe tratar de discutirlo con honestidad, amor y aceptación. La verdad da más apoyo y es más benéfica para un niño que el engaño o la negación.

El niño desahuciado

"¿Me voy a morir?"

Si un niño gravemente enfermo hace esta pregunta, podría contestar: "Puedo entender que te preocupes porque podrías morir. Yo también lo he pensado. Tienes una enfermedad grave, pero precisamente ahora los doctores nos dicen que todavía hay cosas por hacer y medicinas por tomar que pueden hacerte sentir mejor".

Cuando un niño que está muy cerca de la muerte pregunta sobre ésta, y claramente no quedan esperanzas, debe decir: "Los doctores ya no tienen manera de curar la enfermedad, pero se asegurarán de que estés cómodo hasta que mueras".

Después prepárese para contestar preguntas en las que realmente jamás ha pensado antes. Descubrirá, por ejemplo, que la imagen concreta de la tumba puede convertirse en el punto focal de las preguntas de su hijo:

"¿Tendré frío en el invierno si estoy en la tumba?"
"¿Podré abrir los ojos?"
"Si llueve muchísimo ¿me mojaré?"
"¿Qué pasa si alguien me desentierra?"

Necesitará contestar estas preguntas honestamente: "Después de la muerte tu cuerpo ya no funciona: no sientes ni ves ni saboreas ni hueles nada".

Luego desvíe la atención de su hijo hacia el hecho de que el verdadero amor no muere cuando muere un ser amado. Dígales a sus hijos: "Tu cuerpo muere, pero no tu espíritu. Tu espíritu vivirá en nuestros corazones y nuestros recuerdos y pensamientos. Siempre estarás cerca de mí, y mis pensamientos y los recuerdos de ti serán mis tesoros para siempre".

Si usted es religioso, puede ofrecerle a su hijo una visión más consoladora de la vida más allá de la tumba. Podría decir: "Vas a ir hacia una nueva vida en el cielo, una vida de felicidad, paz y amor". Seguramente, entonces sus hijos querrán saberlo todo sobre el cielo.

"¿Podré verte desde el cielo?"
"¿Tendré alas como los ángeles?"
"¿Cuando vengas al cielo viviremos juntos de nuevo?"

Las respuestas a estas preguntas han atizado el debate entre los teólogos desde el comienzo de los tiempos. Como en esta área no hay hechos absolutos, no vacile en contestar desde su corazón, aunque no esté realmente seguro de que su respuesta sea "correcta".

Los sistemas de apoyo

No necesita soportar solo la pérdida de su hijo. Hay muchos recursos disponibles para ayudarlo a hablarle a su hijo o hija sobre su estado de salud y para ayudarlo a usted y a su niño a enfrentarse a esta realidad. Pídales ayuda a los médicos de su hijo, a un consejero sobre duelos o al trabajador social del hospital.

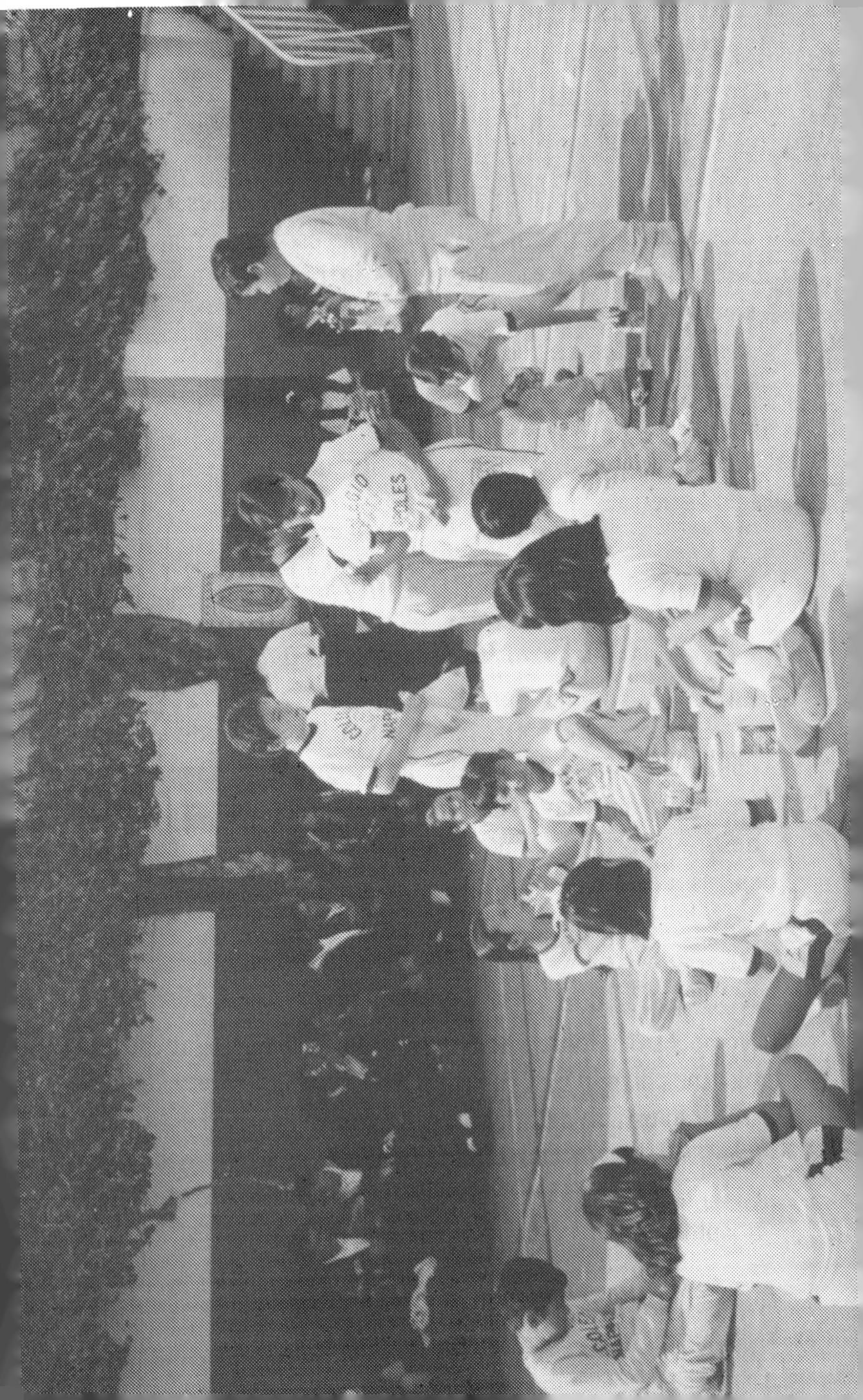

El primer día de clases

Imagínese cómo se sentiría al hacer un viaje al exterior largamente esperado. Desde lejos, la idea suena maravillosa y excitante. Pero a medida que se acerca la fecha de la partida, usted comienza a preocuparse.

"¿Qué tal si el avión se estrella?"

"¿Qué pasa si me separo de mi grupo de excursión y no puedo encontrar el camino de vuelta al hotel?"

"¿Y si no puedo entender el cambio de moneda?"

Cuando llega el día de su viaje, se va a descubrir deseando no haber ido. Esta ansiedad anticipada es lo que sienten los niños cuando finalmente llega el primer día de clases.

Durante la última década ha cambiado drásticamente el momento del "primer día de escuela" de un niño. Con más padres trabajando, hay más escuelas dedicadas a la preparación al jardín de niños, centros de cuidado diurno, escuelas maternales, preescuelas y jardines de niños que abren sus puertas "el primer día de clases" para niños que van de los dos a los seis años. Pero a cualquier nivel, la tarea psicológica inherente a esta experiencia del "primer día" es la misma: aprender a dominar el miedo a lo desconocido y el miedo a la pérdida por la separación.

Aunque nada puede eliminar completamente la aprensión que sienten los niños pequeños cuando comienzan la escuela, por supuesto sus temores pueden ser aliviados si usted les da muchas oportunidades de expresar sus sentimientos y preocupaciones.

Planear por adelantado

Si se tiene presente la analogía con un viaje al exterior, es comprensible por qué los niños necesitan saber exactamente qué va a pasar en la escuela. Ciertamente, su temor al viaje aumentaría si sólo le dijeran que va a hacer un largo viaje y se va a divertir. Así exactamente es como se sentirán sus hijos si les dice solamente: "Vas a ir a la escuela y te vas a divertir."

Los niños necesitan respuestas honestas y detalladas a preguntas tales como:

"¿Quién es mi maestra y dónde está mi salón?"

La mayoría de las escuelas ofrecen una visita para posibles alumnos y sus familias, anterior a la inscripción. Aproveche esta oportunidad. Le da a su hijo mucha información sobre el salón de clase, la maestra y otros alumnos. Este tipo de visita reduce el miedo a los elementos "desconocidos".

Si su escuela no ofrece un programa de orientación, o si usted no puede asistir al que ha organizado la escuela, llame y haga una cita especial para que usted y su hijo vayan de visita.

El primer día de clases

"¿Qué haría en la escuela?"

Puede crear una sensación de seguridad en sus hijos si les puede decir exactamente lo que harán en la escuela. Decir: "Participarás en juegos y aprenderás cosas" es demasiado vago como para ser tranquilizador. Póngase en contacto con la maestra y pida la descripción de un día típico. Entonces estará en condiciones de ofrecerle a su hijo detalles específicos como éstos:

"Bueno, primero todos los niños entran al salón de clase y ponen sus suéteres, sacos o bolsas para libros en los armarios que están a lo largo de la pared. Después se sientan en un círculo en el suelo junto al piano. La maestra los ayuda a cantar una canción y después les muestra dónde está ese día en el calendario". Etcétera.

También puede usar esta información para ayudar a sus hijos a "ensayar" la ida a la escuela haciendo una representación como se explica más adelante.

"¿Cuánto tiempo voy a quedarme ahí?"

Es típico que el tiempo sea un aspecto de la escuela que espanta a muchos niños pequeños, especialmente porque ellos todavía no pueden juzgar cuán largas son realmente "unas horas". Para un niño pequeño, la afirmación "Te recogeré en tres horas" suena parecido a "Jamás volverás a verme."

Tampoco es buena idea desdeñar la duración del tiempo con comentarios como "Estarás en la escuela muy poco tiempo. Antes de que te des cuenta habrá terminado el día."

El primer día de clases

Éstas son algunas ideas para ayudar a sus hijos a comprender mejor cuánto tiempo estarán lejos de usted:

- Haga un dibujo de un reloj y coloree el periodo que sus hijos van a estar en la escuela. Aunque sus hijos no sepan leer la hora, esto les da una imagen concreta de cómo se relaciona el tiempo que estarán en la escuela con el día completo.
- Si ha hecho algún arreglo para sus hijos después de la escuela, dígales todos los detalles sobre quién, cuándo, dónde y durante cuánto tiempo. Coloree estas horas después de la escuela en el dibujo del reloj con un color diferente.
- Tome un calendario y ayude a sus hijos a colorear los días de la semana de lunes a viernes. Esto también les dará una imagen de cuándo estarán en la escuela y cuándo estarán en la casa con usted.

"¿Dónde vas a estar tú mientras yo estoy en la escuela?"

A menudo a los niños les preocupan sus padres cuando están separados. A algunos les preocupa que usted haga algo divertido mientras estén en la escuela y se lo pierdan. A otros niños les aflige la seguridad y el bienestar de sus padres. Dígales a sus hijos dónde va a estar y qué estará haciendo mientras ellos están en la escuela. Dé detalles como éstos:

"Inmediatamente después de dejarte, me iré en el auto al trabajo. Así que estaré haciendo mi trabajo en la oficina al mismo tiempo que tú estarás haciendo tu trabajo en la escuela".

El primer día de clases

La reducción de los temores de su hijo

A medida que se acerca el primer día de escuela, sus hijos pueden estar acostados y pensando preocupados:

"Qué pasa si tengo que ir al baño? ¡No sé dónde está!"
"¿Qué pasa si no puedo encontrar mi salón?"
"¿Y si me equivoco?"
"¿Y si tropiezo y me caigo y todos se ríen de mí?"
"¿Qué pasa si olvido mi nombre?" Etcétera.

Cómo enfrentar la regresión y el enojo

Aunque la incapacidad de enfrentarnos a experiencias desconocidas o nuevas es común a todos nosotros, las formas en que expresamos nuestros temores son muy variadas. Quizá descubra que sus hijos muestran sus temores regresando a comportamientos tales como chuparse el dedo, hablar como bebés, mojar la cama, gimotear, aferrarse a usted y hasta gatear. O pueden aislarse y volverse muy huraños y silenciosos. Si sucede cualquiera de estas cosas, trate de ser paciente, ignore el comportamiento y continúe ofreciendo una visión positiva de la escuela.

El temor también puede demostrarse con enojos o berrinches. Si nota un aumento en las contestaciones malhumoradas o en los berrinches a medida que se acerca el primer día de clases, insisto, trate de aceptarlo como el intento de su hijo de enfrentarse al próximo cambio en su vida. Siga su rutina disciplinaria normal para estos problemas, pero tenga presente que un aumento en la frecuencia o en la severidad del mal comportamiento puede estar relacionado con la aprensión a la escuela.

El primer día de clases

Si sus hijos tienen regresiones en su conducta o se vuelven irritables, tome estos actos como una señal de que sus hijos necesitan tranquilidad. No diga: "Es mejor que termines con esto porque tu maestra no va a aguantarlo." Esto sólo atiza sus temores.

En cambio, podría comentar calmadamente: "Sé que este tipo de comportamiento no va a durar mucho y pronto estarás actuando de nuevo como tú eres."

La atención de angustias específicas

Algunos niños tienen temores muy específicos. Si consigue que sus hijos le digan a qué le tienen miedo, podrá ayudarlos a vencer sus temores. Si, por ejemplo, su hijo sigue preocupándose porque no podrá encontrar el baño, y si no lo tranquilizan seguridades tales como: "Tu maestra te mostrará dónde está el baño", consienta su preocupación. Llévelo a la escuela y muéstrele cómo ir allí desde su salón de clase. Si esto reduce su nerviosismo del primer día de escuela, el viaje bien vale la pena.

La identificación de temores vagos

A veces a los niños les toma algún tiempo darse cuenta de qué los asusta. Por ejemplo, Clark, de cinco años, pasó el verano esperando con entusiasmo el comienzo del jardín de niños en septiembre hasta que, repentinamente, una semana antes del primer día, cambió de opinión y no pudo explicar por qué. Clark había estado en una preescuela privada durante dos años, y le encantaba; su hermana mayor ya

El primer día de clases

estaba en la escuela "nueva" y estaba feliz por reunirse con ella. Después comenzó a gimotear y llorar. Todas las noches, a la hora de acostarse, Clark quería que su madre se quedara en la habitación hasta que él se durmiera. Si ella trataba de alejarse de su cama, la tomaba del brazo y le rogaba que se quedara. Continuamente lloraba "No quiero ir a la escuela. No quiero ir". Pero sin importar cuántas preguntas le hacían sus padres, no podían descubrir la razón de su cambio de opinión.

Finalmente, el viernes anterior al primer día de escuela, Clark comenzó a llorar y soltó abruptamente que le preocupaba no tener amigos en la nueva escuela. Ninguno de los amigos de Clark del preescolar vivía en su barrio, y era verdad, no conocía a nadie que fuera a estar en su clase. Nancy, la mamá de Clark, recuerda: "Aquí estábamos, tres días antes de la escuela, y Clark finalmente me dice lo que lo está inquietando. Al principio no sabía cómo solucionar el problema porque yo tampoco conocía a nadie que fuera al jardín de niños". Pero, deseosa de que Clark se sintiera feliz de ir a la escuela, Nancy llamó a algunos de sus vecinos y amigos hasta que descubrió el nombre y el número de otro niño que iba a comenzar el jardín de niños con Clark.

Nancy llamó a la madre del niño y le explicó su historia: "Realmente fue comprensiva –recuerda Nancy–. Arreglamos que los niños se conocieran el día siguiente en el parque y luego los llevé a los dos a casa a comer." Aparentemente, eso era todo lo que Clark necesitaba. Esa noche se fue a la cama feliz por primera vez en una semana, diciendo que estaba impaciente por ir a la escuela y ver otra vez a su nuevo amigo.

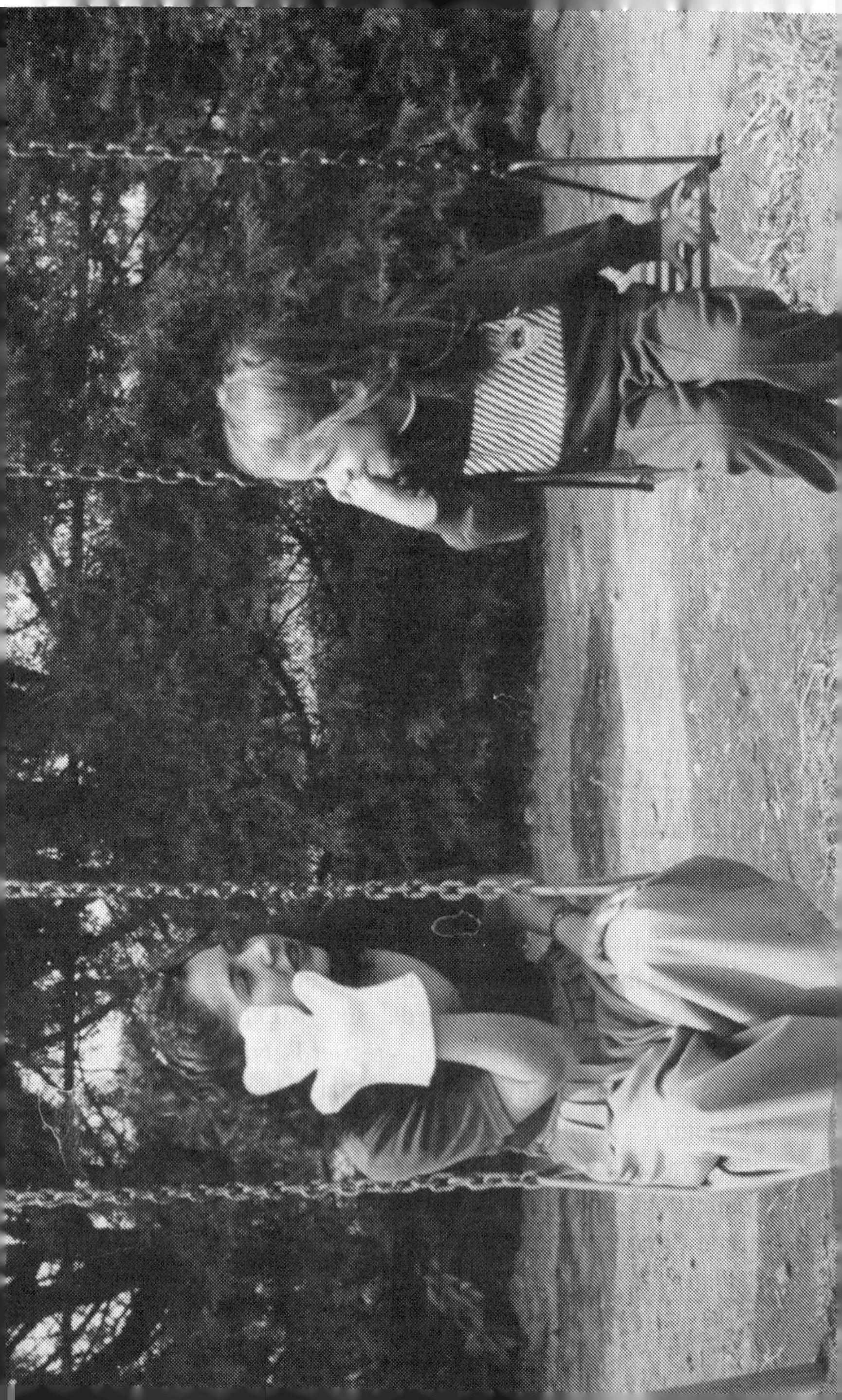

Formas de ayudar a los niños a expresar sus sentimientos

Si sus hijos están dando señales de temor, anímelos a hablar de sus sentimientos; entonces quizá pueda identificar el origen y encontrar la manera de tranquilizarles la mente, más allá de las seguridades de palabra.

Algunos niños quizá no sepan verdaderamente a qué le tienen miedo. Sin embargo, con su ayuda, hasta los temores vagos se pueden calmar. Quizá tenga libros infantiles donde los pequeños vean a otros niños como ellos que pasan por la misma experiencia y la dominan, y esto puede ser un gran consuelo.

También podría ayudar a sus hijos a enfrentarse con sus preocupaciones por medio de la representación. Usando muñecas, títeres o animales rellenos, usted y sus hijos pueden armar un salón de clase y representar el primer día de escuela. O anime a sus hijos a jugar a la escuela en la misma forma en que podrían jugar a la casita. Con amigos y hermanos, haga que sus hijos elijan sus papeles como alumnos y maestros. Déles lápices de color, papel y observe cómo se desarrolla la obra teatral.

Cómo enfrentar la separación

Además del miedo a lo desconocido, los sentimientos de pérdida causados por la separación son emociones perfectamente normales tanto para padres como para hijos en el primer día de escuela. Aunque el temor es normal, usted tiene cierto control sobre el grado de ansiedad que experimenten sus hijos. Mientras lee la escena siguiente, vea si puede detectar comportamientos que están haciendo más difícil el proceso de separación para esta madre y su hija.

Desde que Brittany nació hace tres años, Joan ha sido una mamá que se queda en la casa. Ahora, ella y su esposo han decidido que es tiempo de poner a Brittany en preescolar mientras Joan vuelve a un trabajo de medio tiempo.

El primer día de escuela, Brittany empezó a gritar y correr detrás de su mamá cuando ella comenzaba a irse de la escuela.

Sin importar cómo tratara Joan de consolarla, Brittany no se calmaba ni escuchaba razones. Finalmente, la maestra tuvo que arrancar a Brittany de la pierna de Joan y llevarla de regreso al salón de clase, pateando y forcejeando.

Joan lloró todo el camino al trabajo.

Cuando volvió esa tarde, Joan encontró a Brittany sentada cómodamente junto a su maestra, escuchando un cuento. Pero cuando Brittany vio a Joan en la puerta, la niñita corrió hacia ella en medio de lágrimas. Joan se arrodilló y, llorosa, abrazó y besó a su hija. "Ahora está bien. Estoy de

Formas de ayudar a los niños a expresar...

vuelta," susurró. "Yo también te extrañé, pero ahora estoy de vuelta. Vamos a casa". Entonces, como el caballero blanco que rescata a la damisela en dificultades, Joan alzó a Brittany y la llevó hacia el auto.

A la mañana siguiente, Brittany volvió a llorar cuando llegó a la escuela. Joan se quedó un momento, esperando ayudarla a adaptarse lentamente a la separación, y hábilmente la maestra incorporó a Brittany a una actividad divertida para distraerla de su temor. Cuando Joan vio a su hija jugando alegremente con cubos, rápidamente se fue antes de que Brittany pudiera comenzar a llorar de nuevo. Como Joan no tuvo que volver a pasar por la escena de la separación, se sintió más contenta con el procedimiento mientras manejaba hacia el trabajo. Ella no sabía que cuando Brittany se dio cuenta que su madre se había ido, su llanto fue más largo y más intenso que el día anterior. Cuando Joan regresó, ella y Brittany repitieron la reunión ansiosa y llorosa del día anterior.

¿Nota algunas áreas problemáticas?

Los niños no pueden convertirse en seres independientes cuando experimentan escenas de separación y de reunión tramposas o emocionalmente inquietantes. Necesitan explicaciones y experiencias honestas que les enseñen que padres e hijos no pueden estar siempre juntos. Cuando están separados, ambos pueden sentirse felices y confiados. Y siempre volverán a reunirse.

Usted puede ayudar a sus hijos a aceptar la separación siguiendo estos lineamientos básicos.

Mantenga la calma. Las emociones son contagiosas, así que demuestre los sentimientos que quiera que sus hijos capten. No se inquiete ni se preocupe, ni se muestre ansioso o vacilante. Manténgase alegre. Sonría, diga adiós con confianza. Sin importar lo ruidosamente que sus hijos griten y rueguen, siga sonriendo.

No prolongue sus despedidas. A sus hijos explíqueles que va a dejarlos en la escuela con la maestra y dígales exactamente cuándo regresará. Podría decir, por ejemplo: "Ahora me voy, pero regresaré a tiempo para que comamos juntos."

Si está permitido, quizá quiera quedarse un rato por ahí para asegurarse de que sus hijos están bien instalados, pero una vez que decida que es hora de irse, déles a sus hijos un aviso de unos minutos. Después sonría, despídase alegremente y váyase. No prolongue su partida con un beso más y otra afirmación de su amor. No vaya hacia la puerta y regrese después para calmar el llanto. Esto estimula a los niños a creer que si lloran con suficiente fuerza usted podría cambiar de opinión.

No desaliente el llanto. Es irrazonable pedirles a sus hijos que dejen de llorar o que sean valientes. Déjelos llorar. Es su manera de expresar cómo se sienten y su oportunidad de ofrecerles comprensión. Diga: "Sé que te sientes triste cuando me voy, pero debo irme y volveré a verte después de la escuela." Esto les asegura a los niños que usted no está ignorando sus sentimientos ni interpretándolos equivocadamente, y ayuda a que acepten la separación como algo inevitable.

Jamás se vaya a escondidas. Es muy tentador escurrirse por la puerta trasera cuando sus hijos están distraídos

Formas de ayudar a los niños a expresar...

por un momento, pero no lo haga. Finalmente, los niños notarán su desaparición, pero entonces no tienen manera de saber que no han sido abandonados para siempre. Sea siempre honesta y directa. Diga: "Adiós. Ahora me voy y volveré a las tres." Entonces váyase.

Vuelva con una sonrisa. Cuando regrese, sus hijos (que probablemente estuvieron muy contentos mientras usted no estaba) pueden estallar en llanto, correr a sus brazos y aferrarse como si les fuera la vida en ello. O pueden ignorarla por completo. Cualquiera de las respuestas es perfectamente normal, pero usted debe continuar enseñando la lección de la separación manteniéndose alegre y calmada. Una madre que se pone llorosa y exclama: "¡Te extrañé tanto!" ¿Estás bien? ¿Me extrañaste?" le enseña al niño a que realmente hay peligro al quedarse solo. Concéntrese en lo positivo, diciendo algo así como: "Tu maestra dijo que hoy te divertiste jugando con cubos."

El temor a lo desconocido y el temor a la pérdida causada por la separación acompañan inevitablemente a muchos padres e hijos el primer día de escuela. Si usa las técnicas sugeridas en este capítulo y encuentra que calman la tensión de esta experiencia, marque estas páginas para consultarlas en el futuro.

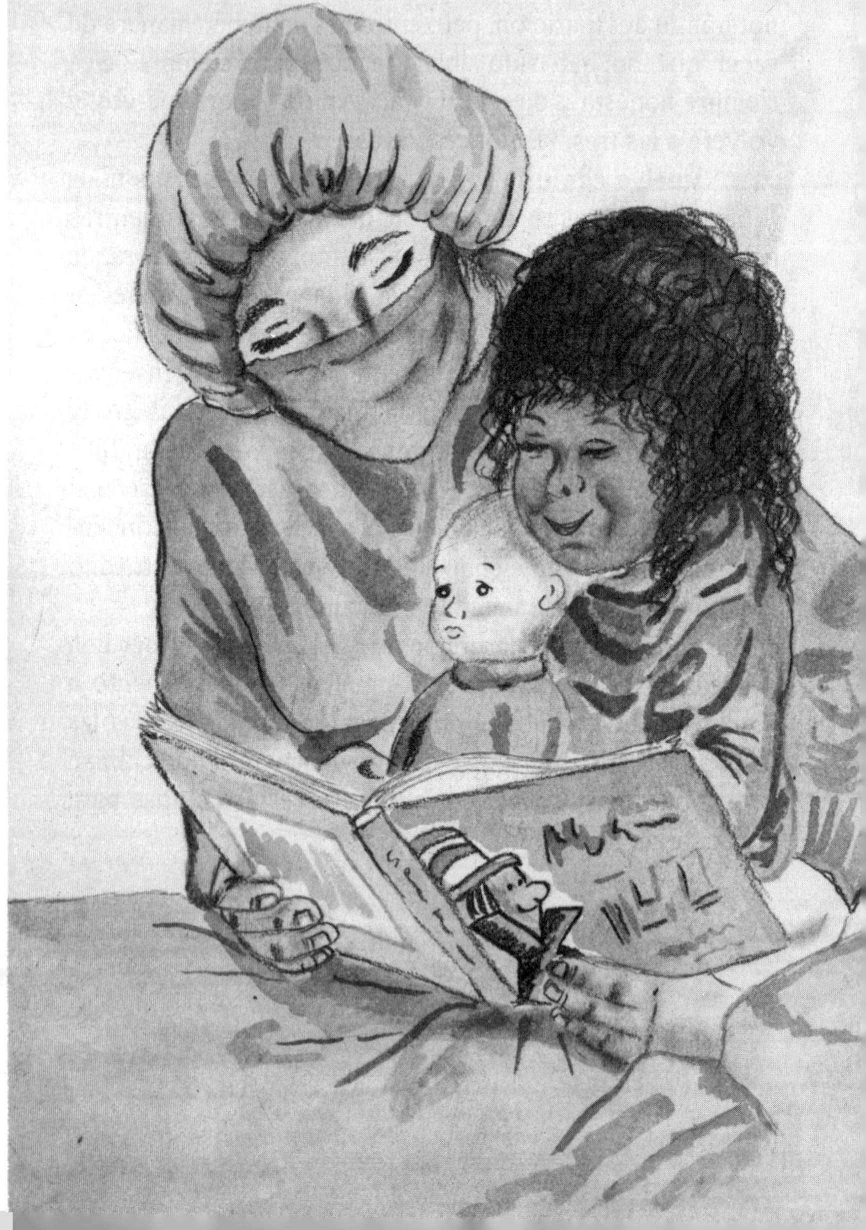

La estancia en el hospital

Jonah había sufrido de infecciones en el oído desde que nació. Tan pronto como terminaba una, empezaba otra. Recuerda su madre: "Cada vez que oía el primer resuello de un resfrío, sabía que estaría de vuelta con el doctor para que le diera un antibiótico." Finalmente, cuando estaba por cumplir tres años, el pediatra sugirió que le pusieran tubos en los oídos para permitir el drenaje del fluido y así se terminaran las infecciones crónicas.

Dice el papá de Jonah: "Sabíamos que, a la larga, los tubos eran la mejor manera de solucionar el problema, pero también nos preocupaba que la experiencia del hospital fuera muy traumática para él. No sabíamos qué decir o cómo prepararlo."

Para los niños pequeños, la hospitalización puede ser una experiencia que provoca tensión y ansiedad. En ciertas circunstancias, puede causar problemas emocionales y de comportamiento que duran mucho después de haber sido dado de alta. Afortunadamente, hay algunos diálogos y estrategias muy simples que puede emplear para minimizar los efectos perjudiciales de una hospitalización.

La estancia en el hospital

Cómo enfrentar los temores de su hijo

Los temores de sus hijos al hospital se derivan de cuatro raíces comunes: 1) temor a lo desconocido, 2) temor a estar separados de ustedes, 3) pérdida de control y autonomía, y 4) falta de estrategias para hacer frente a la situación.

Cuando hable con sus hijos sobre su visita al hospital, mantenga en su mente estos cuatro factores.

Vencer el miedo a lo desconocido

Los profesionales que trabajan con niños en los hospitales están de acuerdo en que los niños que llegan preparados tienden a mostrar menos ansiedad, se adaptan mejor, se recuperan más rápidamente y tienen menos dificultades cuando regresan a su casa. Por eso es muy importante que usted les diga todo a sus hijos antes de llegar al hospital. Para los niños es mucho mejor enfrentar la situación y soportar alguna ansiedad con usted, en su casa, que sufrir una inquietud abrumadora que puede provenir de encontrarse en un ambiente extraño, sin saber qué es lo que está pasando.

Antes de comentar con sus hijos una próxima hospitalización, asegúrese de tener la información que necesitará para responder a sus preguntas.

Haga una visita por el hospital. Muchos hospitales les ofrecen a los niños y a sus padres visitas por las unidades pediátrica y quirúrgica, previas a la internación; averigüe si su hospital tiene un programa así, y si lo tiene ¡inscríbase! Muchas de las preguntas y preocupaciones de su hijo (y de usted mismo) serán tratadas en este tipo de visita.

En una visita reciente por un hospital, me resultó sumamente interesante observar las diferentes interacciones

La estancia en el hospital

entre padres e hijos (la forma en que ambos actúen durante una vida así le dará cierta percepción de cómo responderán a la verdadera estancia en el hospital). Este día en particular, algunos hijos y padres encontraron que toda la experiencia era fascinante –espiaron cada rincón e hicieron muchas preguntas. Pero muchos otros marcharon mecánicamente de un lugar a otro con la cara llena de temor y aprensión.

Una pequeñita se aferró a su madre y lloró todo el tiempo. Tratando de disimular su propio temor con una broma, esta mamá comentó: "No creo que ella vaya a soportar esto." Los demás padres se rieron, pero la niña evidentemente entristeció al descubrir que su mamá no creía que ella pudiera manejar esta experiencia.

Un papá con un niño que gimoteaba trató de quitarle el miedo dándole órdenes: "Deja de actuar como un bebé frente a todas estas personas," le ordenó. "Sabes que no hay nada por qué preocuparse. Deja de gimotear en este instante." No es sorprendente que el niño llorara más fuerte.

Un tercer grupo de padres abandonó abruptamente al grupo y se fue a casa cuando sus hijos se negaron a seguir la visita.

Aunque es cierto que los niños responden al hospital en formas diversas e impredecibles, podemos predecir que sin una preparación positiva, detallada y que les brinde apoyo, estos pequeñitos temerosos experimentarán una estancia traumática en el hospital.

Hágale preguntas a su doctor. Si su hospital no ofrece una visita organizada con un guía médico, llame al médico de su hijo. Explíquele que necesita información detallada sobre la próxima hospitalización porque le gusta-

La estancia en el hospital

ría preparar a su hijo para la experiencia. Puede usar la siguiente lista como una guía para el tipo de preguntas que necesitará que le contesten:

1. ¿Cuál es exactamente el problema físico de mi hijo y qué tratamiento le darán en el hospital?
2. ¿Hay algunos exámenes anteriores a la admisión? ¿De qué clase? ¿Se harán un día antes de la internación? ¿El análisis de sangre se hará punzándole un dedo o le sacarán sangre de una vena del brazo?
3. El día de la admisión ¿iremos primero a una cama en la unidad pediátrica o iremos directamente al área de tratamiento o cirugía?
4. ¿Los niños pueden llevar un artículo que les dé seguridad (como una mantita o un oso)?
5. Si se necesita cirugía ¿qué tipo de anestesia usará? ¿Se aplicará con una inyección o con mascarilla?
6. ¿Cuánto tiempo puedo quedarme con mi hijo antes de que comiencen los procedimientos médicos? (Ahora algunos hospitales permiten a los padres estar en el quirófano hasta que hace efecto la anestesia. Otros ni siquiera permiten que estén en el área restringida).
7. ¿Dónde esperan los padres durante el procedimiento?
8. ¿Se permite que los padres estén en el área de recuperación? Si no ¿dónde y cuándo estaré con mi hijo?
9. ¿Cuál es la política del hospital respecto a los padres "que se quedan"?
10. ¿Cuándo volverá mi hijo a casa?

La estancia en el hospital

Cuando tenga las respuestas a estas preguntas, estará listo para preparar a su hijo para la hospitalización. Tenga presente que los niños quieren conocer los hechos concretos que los afectan directamente. No hay necesidad de explicar las maravillas de la medicina moderna ni el último avance tecnológico. Sólo los hechos.

Explique cuándo, qué y por qué. Lo primero que querrá comentar es qué va a suceder y por qué. Los procedimientos médicos y quirúrgicos pueden sonar muy complejos y aterrorizantes aun para el paciente más refinado. Háblele a su hijo en palabras simples y asegúrese de explicar exactamente de qué se trata el procedimiento médico programado.

Por ejemplo, si a su hijo le van a quitar las amígdalas, podría comenzar diciendo: "El lunes vas a ir al hospital para que los doctores puedan quitarte las amígdalas. Esto impedirá que tengas esos dolores de garganta que has tenido últimamente."

Explique la preadmisión. La mayoría de los hospitales exigen que se haga el registro de ingreso, análisis de sangre, rayos X y cualquier otro examen o procedimiento un día o dos antes de la internación. Si éste es el caso, háblele a su hijo de todo esto.

Explique: "En la oficina de admisión, una mujer o un hombre nos harán un montón de preguntas sobre cosas tales como dónde vivimos y cuál es nuestro número de teléfono. Después vamos a hacer algunos análisis."

Si le van a sacar sangre, dígalo así y agregue: "El técnico te va a sacar muy poquita sangre. Dolerá durante un segundo como un piquete pero después dejará de doler muy rápidamente."

La estancia en el hospital

Si su hijo necesita una radiografía, podría comparar el aparato de rayos X con una cámara. Dígale a su hijo: "Las fotografías con rayos X le permiten al doctor ver adentro de tu cuerpo; los rayos X no duelen para nada."

Ensaye el día de la hospitalización. El día de la hospitalización, será benéfica para su hijo lo que se llama "la guía anticipada". Ésta es una estrategia preparatoria que ayuda a un niño a dominar una experiencia potencialmente traumática. Antes de llegar al hospital, dígale exactamente lo que puede esperar que suceda. Usando las respuestas a las preguntas listadas antes, guíe a su niño, paso a paso, a través de la estancia en el hospital. Es importante decirles todo a los niños, desde el hecho de que se van a quitar la ropa y ponerse un camisón del hospital, hasta cualquier molestia que pudieran sentir después del procedimiento médico.

Sea honesto. Siempre es aconsejable ser tan honesto como sea posible respecto al hospital y a cualquier molestia que vaya a experimentar su hijo. Una de las primeras preguntas del niño será: "¿Me dolerá?" Si cualquier aspecto del procedimiento médico va a ser doloroso, dígalo así. Comente todos los aspectos desagradables, tales como agujas, líquidos y medicamentos intravenosos, cómodos y restricciones. Después hable también de los aspectos positivos, tales como dormirse durante la operación, tener la visita de los amigos, recibir regalos y tarjetas deseando la recuperación y tener la presencia constante de usted.

Use un tono tranquilizante. Sus hijos tomarán de usted la sugerencia de cómo actuar. Hable del hospital en una forma serena y práctica. Asegúreles a los niños que comprende que podrían tener miedo, pero rápidamente enfatice lo positivo mencionando algo así como cuánto confía en la capacidad de los médicos y enfermeras para ayudar a sus niños a estar bien. Si demuestra un alto grado de ansiedad por la hospitalización, es casi seguro que sus hijos tendrán también una gran sensación de ansiedad.

Use la representación. Las experiencias de juego usando muñecas, animales rellenos y equipos de doctor pueden ser muy útiles para que los niños liberen, comprendan y dominen sus sentimientos de incertidumbre. Anime a sus hijos a jugar al doctor; hasta usted podría representar el papel de un paciente asustado y dejar que su hijo sea el doctor que lo calma y lo tranquiliza. Jugar al doctor le da a los niños la libertad de hablar de sus preocupaciones, y las oportunidades de invertir los papeles les devuelve algo del control que pierden en el ambiente hospitalario.

Ayude a su hijo a buscar información en los libros. Libros que tengan ilustraciones y descripciones simples de la hospitalización de otro niño pueden disminuir los temores de sus hijos y responder a preguntas que ellos no saben cómo hacer. Busque ese tipo de libros para familiarizar a su hijo con lo sentimientos y los procedimientos médicos que ellos mismos van a experimentar pronto.

Exprese confianza. Asegúreles siempre a sus hijos que tiene confianza en su capacidad para superar esto. Dígales: "No espero que esto te guste, pero sé que vas a estar bien." Además exprese confianza en el personal médico. Dígales a los niños: "La doctora Smith es una excelente médica, y confío plenamente en su capacidad para cuidarte bien".

La estancia en el hospital

La superación del temor a la separación

Su hijo de menos de seis años está asustado principalmente porque se va a separar de usted. Usted es el principal apoyo y sistema de seguridad de su hijo, así que debe permanecer con él tanto como sea posible durante el periodo de hospitalización.

Muchos hospitales permiten que los padres duerman en el cuarto con su niño hospitalizado; asegúrese de preguntar, porque para su hijo significará mucho si puede permanecer cerca durante la noche. A veces, cuando no pueda o no le permitan estar con el niño, explíquele por qué y diga exactamente cuándo los dos van a estar juntos nuevamente.

El temor a ser abandonado en el hospital es una preocupación muy real para muchos niños pequeños. Así que no regañe ni ridiculice a su hijo porque se aferre a usted o porque llore cuando se va. En cambio, asegúrele al niño que montones de chicos se sienten asustados cuando están solos en el hospital. Después, nuevamente, exprese su confianza en el personal médico, que cuidará muy bien al niño, y en la propia capacidad del pequeño para esperar el tiempo hasta que puedan estar juntos otra vez.

Cómo enfrentar a los niños a la pérdida de control y de autonomía

Los niños pronto se dan cuenta que tienen poca decisión sobre lo que les sucede en el hospital. Esta pérdida de control puede asustarlos, especialmente a los niños de más de cinco años. Para ayudar a sus hijos a vencer estos sentimientos de impotencia, trate de darles a elegir cada vez que sea posible. Podría decir, por ejemplo: "¿Quieres quedarte en tu cuarto o ir al salón de juegos?" "¿Quieres que te tomen la temperatura mientras estás en la cama o sentado en la silla?" "¿Quieres la inyección en la pierna derecha o en la izquierda?"

La necesidad de estrategias

La capacidad de los niños de enfrentarse a situaciones que producen ansiedad se va desarrollando lentamente a través de los años, cada vez que se presenta una situación así. Cuando sucede algo que no les gusta, podrían enfrentarlo resistiéndose, huyendo, discutiendo o negando su existencia. En el ambiente del hospital, sin embargo, sus hijos descubrirán que sus habilidades habituales para enfrentar una situación no son eficaces. Entonces ¿ahora qué?

Antes de ingresar al hospital, enséñeles algunas estrategias simples que pueden usar para reducir sus temor a esta experiencia.

Use la imaginación guiada. Durante un procedimiento desagradable, por ejemplo una inyección, dígales a sus hijos que hablen o piensen en algo agradable, como una fiesta de cumpleaños o la vacaciones de verano.

Explique lo que es la autoconversación positiva. Puede enseñarles a sus hijos a decirse pensamientos positivos para reducir la ansiedad. Practique frases como éstas:

"Puedo manejar esto."

"No es tan malo."

"Dolerá un ratito."

"Los doctores y las enfermeras me ayudarán si me siento demasiado molesto."

Practique algunos ejercicios de relajación. Los ejercicios de relajación pueden reducir la tensión. Enséñeles

La estancia en el hospital

a sus hijos a respirar lenta y profundamente cada vez que estén asustados (súmele una sonrisa a este ejercicio para una levantada del espíritu garantizada). También les puede enseñar a los niños cómo tensar y relajar diferentes grupos de músculos cuando están alterados.

Muéstreles a los niños cómo combinar estrategias. Algunas técnicas para enfrentar situaciones dan buen resultado cuando se las emplea juntas. Mientras están apretando y abriendo un puño, por ejemplo, ayude a sus hijos a respirar profundamente y pensar cosas tales como "relájate" y "cálmate". Este uso conjunto de tensión muscular, respiración profunda y auconversación dará resultado y ayudará a los niños a reducir la tensión de la experiencia en el hospital.

Finalmente, no use esta experiencia para enseñar la importancia de la independencia y del valor frente a la adversidad. Use mucho lenguaje corporal consolador para decirles a sus niños que comprende sus temores: sosténgales la mano, déjelos sentarse en sus rodillas, mantenga el brazo alrededor del sus hombros. Si lo permiten los reglamentos del hospital, invite a amigos y familiares a que lo visiten y le den ánimo y apoyo (¡y, por supuesto, tarjetas, regalos y globos!) Si la recuperación de su hijo requiere una estancia prolongada en el hospital, lleve de su casa juguetes, libros, muñecas y animales de juguete. Cualquier cosa que aumente la comodidad, reduce la ansiedad.

La profesión de la salud mental

La personalidad tranquila y feliz de Brandon, de nueve años, pareció desaparecer después de que sus padres se divorciaron. En su lugar había cólera y resentimiento. Su protesta tomó la forma de beligerancia y hostilidad; comenzó a agredir a cualquiera que trataba de ofrecerle su simpatía. La mamá de Brandon, sus maestros, sus abuelos y hasta su mejor amigo trataron de hablarles sobre su actitud, pero la sugerencia de un posible "problema" sólo lo hacía enojar más. Seis meses después de que el cambio de su personalidad se volviera notable por primera vez, la madre de Brandon decidió que había esperado lo suficiente para que su hijo superara su decepción por el divorcio.

–Estaba empeorando en lugar de mejorar –dijo–. Brandon rompía descaradamente cualquier regla que yo fijaba. Si le decía que no podía salir a jugar hasta que hiciera la tarea, tiraba los libros al piso y salía. Ya no podía comunicarme con él de ninguna manera, así que me pregunté si necesitaba ayuda profesional, pero sabía que me odiaría aun más por sugerirle una cosa semejante.

La profesión de la salud mental

Hay mucha razones por las que un niño puede necesitar consejo profesional. Casi cualquier tema analizado en este libro –divorcio, mudanza, un nuevo bebé, un padre alcohólico, la muerte de un ser querido, etcétera– puede alterar a un niño hasta el punto de que se vuelva excesivamente temeroso, deprimido, retraído, colérico o rebelde. Un niño así necesita que se examine su salud mental, sea que el niño piense que ésta es una buena idea o no.

Hablarles a sus hijos sobre una consulta a un profesional de la salud mental (por ejemplo, un psicólogo, psicoterapeuta o psiquiatra) es muy parecido a hablarles sobre una visita al médico. Su objetivo es prepararlos por adelantado y transmitir que usted espera un resultado positivo.

Preparación de la visita

La razón fundamental para preparar a su hijo para una visita a un profesional de la salud mental es que una evaluación o una sesión de terapia satisfactoria dependen en gran medida de la cooperación del niño con el profesional. Sin preparación previa, muchos niños se resisten a la visita y se vuelven muy temerosos o enojados por ella.

Hágales preguntas al profesional de la salud mental. Antes de mencionarle el tema a su hijo, haga una cita con un profesional de la salud mental y pídale alguna información sobre su visita para estar preparado para contestar las preguntas de su hijo. Explíquele al terapeuta que quiere preparar a su hijo para la visita y que necesita saber lo que puede esperar el niño en la primera reunión. Por ejemplo:

¿Usted se quedará con el niño?

La profesión de la salud mental

¿Se le aplicarán al niño pruebas psicológicas? ¿De qué clase?

¿Qué se le pedirá al niño que haga?

¿Será una sesión de conversación o de juego?

¿Cuánto tiempo durará la cita?

Dígale a su hijo de la visita y háblele del consejero. Una vez que tenga esta información, escoja un momento tranquilo para decirle a su hijo de la cita. De manera firme y práctica podría decir: "He hecho una cita para que veamos a la señora Jones respecto [al control de tu mal carácter, tu incapacidad de prestar atención en la escuela, o cualquiera que sea el problema]."

Después de haber anunciado su plan, explique qué hace un consejero: "La señora Jones está adiestrada especialmente para ayudar a las personas a entender sus problemas y sentimientos. No toma la temperatura ni te da una inyección. Simplemente habla contigo, te pide que hables sobre tus pensamientos y sentimientos y a veces te dará juegos, rompecabezas, o figuras para jugar."

Comente el propósito de esta visita. Quizá quiera decir: "Estoy preocupado por ti. Parece que este problema no mejora. Sigue repitiéndose y no parece estar bajo control. Creo que una consulta podría ayudar a descubrir si hay realmente algo para preocuparse, y si es así, qué se puede hacer para ayudarte."

Describa la visita en sí. Trate de darle al niño una descripción exacta. Por ejemplo: "Hablé con la señora Jones y ella me explicó que en la primera visita yo estaré contigo cuando la veas por primera vez y tú y yo hablaremos de lo que sentimos que pueda ser un problema. Durante la segunda mitad de la visita, que durará alrededor de una hora en total, tú y la señora Jones hablarán a solas". (Dé los detalles tal como se los han explicado a usted.)

Agregue una visión del resultado. Para darle a su hijo una noción del propósito de la ayuda profesional, podría decir algo como esto: "Esta terapista puede ayudarte a sentirte más relajado y enseñarte cómo sentirte bien contigo mismo. Éstas son cosas que yo he tratado de hacer, pero ahora veo que no puedo ayudarte sola. Necesitamos hablar con alguien preparado especialmente para comprender cómo sienten y actúan los niños".

El manejo de la resistencia

Sin intervención, el constante problema psicológico de un niño puede causar una gran alteración en la familia, dejando a todos sintiéndose enojados y llenos de desesperación. A menudo la asesoría es considerada como un último recurso. Esto es desafortunado, porque cuando la terapia se les presenta a los niños como un acto de desesperación, asociarán la búsqueda de ayuda con el castigo.

Puede esperar resistencia si repentinamente les dice a los niños: "Se acabó. Te vamos a llevar a que te evalúe un psiquiatra para saber qué es lo que anda mal contigo."

También es inadecuado amenazar a sus hijos diciendo: "Voy a tener que llevarte al psiquiatra porque no escuchas nada de lo que te digo."

En cambio, busque la asesoría de un profesional en salud mental antes de que el problema alcance proporciones de crisis, y presente su decisión de buscar ayuda de manera firme pero afectuosa.

Si su hijo se resiste a la idea de la terapia profesional de salud mental, continúe mostrando que está preocupada, no enojada.

Es probable que un niño que se resista a su sugerencia diga: "Pero no quiero ir a ver a un psicólogo. No estoy chiflado. ¿Piensan que estoy loco?"

A esto usted podría contestar: "Comprendo que no quieras ir. La mayor parte del tiempo actúas razonablemente. Pero hay momentos en que actúas de manera alterada. Muchas personas van a los terapeutas, y muy, muy pocas se comportan de manera 'loca'. No pensamos que estés loco, pero nos preocupamos por ti y nos gustaría alguna asesoría. Si tuvieras un dolor de estómago o un dolor de muelas, iríamos contigo al doctor. De la misma manera, cuando tienes algunas dificultades emocionales, es nuestro deber ver que recibas ayuda."

¿Es un secreto?

Aunque usted sospecha que no tenemos una opinión completamente imparcial de la profesión de la salud mental, sí creemos sinceramente que llevar un niño a ver a un profesional de la salud mental es señal de ser un padre inteligente e interesado en su hijo. Sin embargo, debemos advertirle que puede sabotear su decisión si trata de mantenerlo en secreto. "Es bueno que tus hermanas y hermanos sepan que eres lo bastante inteligente como para buscar ayuda cuando la necesitas. En realidad, quizá les guste ir contigo alguna vez",

La profesión de la salud mental

Cómo encontrar a un profesional de la salud mental

Cuando decida buscar ayuda profesional para los problemas de su hijo, hay una cantidad de fuentes a las que puede recurrir para encontrar el tratamiento apropiado:

1. *El psicólogo de la escuela.* Algunas escuelas emplean a un psicólogo infantil que puede ayudarlo a comenzar una evaluación psicológica o a enviarlo a otro lugar.
2. *Clínicas públicas de salud mental.* Algunas ciudades y otras comunidades más pequeñas tienen clínicas de salud mental financiadas con fondos públicos. A menudo estas clínicas usan escalas para fijar los honorarios que los clientes pueden pagar.
3. *Clínicas universitarias.* Si vive cerca de una universidad, llame al departamento de psicología y pida información respecto a las clínicas de desarrollo infantil. A menudo las universidades ofrecen consultas externas para muchos de los problemas que padecen comúnmente los niños pequeños.
4. *Recomendaciones médicas.* Puede llamar al hospital local, a la clínica pública o a su pediatra y pedir que le recomienden un profesional de la salud mental. Explique específicamente el problema de su hijo, porque a menudo los profesionales de la salud mental se especializan en áreas como abuso de drogas, insomnio, mojar la cama, y cosas parecidas.

La profesión de la salud mental

5. *Consulte el directorio telefónico.* Busque el número de asociaciones psicológicos o psicoanalíticas. En estas asociaciones lo pueden ayudar a dirigirse al profesional de la salud mental adecuado.

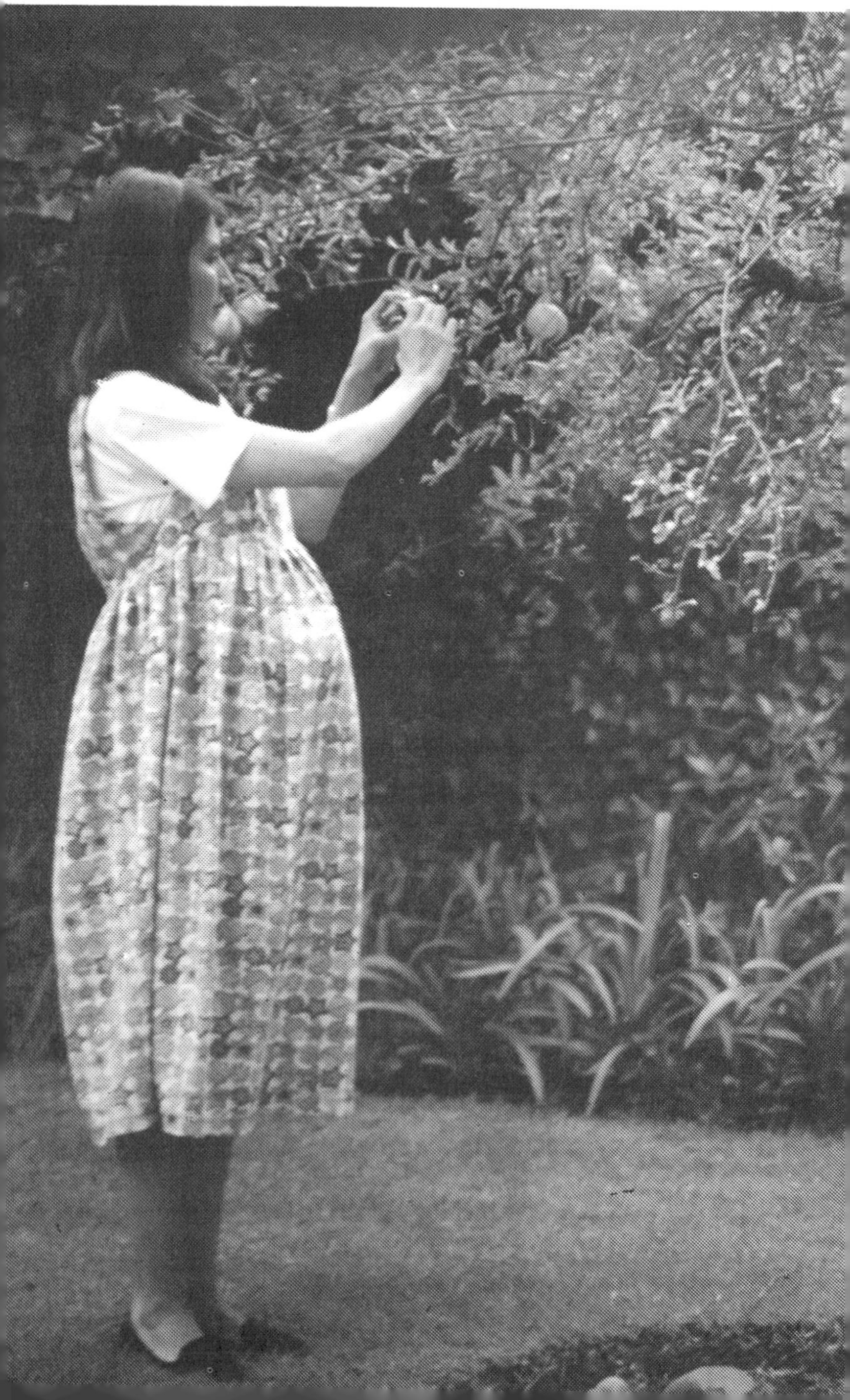

Nuevo bebé en la familia

Cuando le hable a sus hijos respecto al nuevo bebé en la familia, mantenga presente la siguiente analogía. La ayudará a comprender por qué "el amor fraternal" es a menudo un sentimiento adquirido.

Imagine su reacción si su esposo trajera a la casa a una nueva compañera de matrimonio y anunciara que los tres van a vivir juntos y que será divertido. Después de asegurarle que ambas serán amadas de la misma manera y que las dos son miembros importantes de la familia, su esposo le pide que ame al nuevo miembro de la familia, que comparta sus cosas y que acepte menos atención de la que estaba acostumbrada porque ahora puede cuidarse sola.

¿Cómo se sentiría? Si usted le dice estas mismas cosas a sus hijos cuando trae un nuevo bebé a la casa, ellos sentirán de la misma manera.

¿Cuándo debe hablarles a sus hijos del nuevo bebé?

Como ya sabe, nueve meses pueden ser un largo periodo de espera, y para un niño pequeño es un periodo inconcebible.

Puede aliviar la ansiedad de la espera prolongada al aplazar el anuncio por lo menos hasta que el embarazo se vuelva notable (esto también la resguardará de la posibilidad de tener que explicar un aborto, que tiene más probabilidades de producirse dentro de los tres primeros meses).

Sin embargo, también es mejor que sus hijos se enteren de la próxima llegada directamente por usted. Si tiene la intención de contarles del embarazo a muchas personas y de hablar del mismo frente a sus hijos, entonces dígales de inmediato. El resentimiento puede empezar pronto si sus hijos piensan que todos están tratando de mantener algo en secreto para que ellos no lo sepan.

Exactamente cuándo les hable a sus hijos sobre el esperado miembro de la familia es una decisión personal. Pero una vez que dé la noticia, es el momento de prestar atención a cómo les habla a sus hijos sobre este cambio en la estructura familiar.

¿Cómo debería dar la noticia?

Haga que su anuncio sea simple. En una voz agradable, dígales a sus hijos: "Vamos a tener un nuevo bebé en la familia." Resístase a cualquier deseo inicial de asegurarles a sus niños que el bebé jamás tomará su lugar y que no les quitará su amor. Ese tipo de comentario a estas alturas presentará ideas en las que los niños todavía no han pensado.

Después de hacer el anuncio, muestre una actitud positiva sin importar la reacción que puedan tener los niños. Responda honestamente a sus preguntas y asegúreles que le encantará hablar con ellos sobre el bebé en cualquier momento que ellos quieran.

Puede aplacar los temores y aprensiones de los niños mayores (de ocho a doce años) haciéndoles participar en el embarazo. Hable de las etapas del desarrollo fetal; si tiene libros ilustrados que muestren al feto creciendo en el vientre, véalos con ellos.

Qué decir si su hijo está celoso

Los niños de todas las edades demuestran sus celos en tres formas bastante comunes:

1. Podrían enojarse con usted y demostrarlo volviéndose excepcionalmente desobedientes y exigentes, o llorosos, apegados o retraídos.
2. Podrían enojarse con el bebé y hacerlo llorar, apretándolo o provocándole dolor o molestia de alguna otra manera.
3. Podrían regresar a un comportamiento propio de bebés o a un comportamiento egoísta.

Qué decir cuando sus hijos se enojan con usted

Si sus hijos parecen enojados con usted, trate de recordar que actúan con un solo propósito: apartar su atención del bebé y atraerla hacia ellos, como sienten que debe ser. En estos casos, los regaños no sirven para nada; es una atención negativa y como tal refuerza la creencia del niño que la desobediencia o el gimoteo la obligará a apartarse del bebé. En cambio, asegúrele al niño que comprende cómo se siente y ofrézcale su amor constante, como en los siguientes ejemplos:

Nuevo bebé en la familia

Si sus hijos expresan sus sentimientos por medio de la desobediencia y diciendo algo así como "No, no voy a ir a la cama y no puedes obligarme", usted puede responder su desafío y serena, pero firmemente, llevarlos a la cama. Dígales: "Entiendo que no quieras ir a la cama, pero es hora. Vamos."

Si los niños pequeños expresan su inquietud mostrándose excesivamente llorosos y apegados, puede decirles: "Sé que te estás sintiendo triste. ¿Te gustaría sentarte junto a mí para que te dé un poco de atención especial?

Si sus hijos deciden demostrarle cómo se sienten retrayéndose de la vida familiar, dígales: "Sé que te gustaría estar solo, pero extraño el tiempo que pasamos juntos. ¿Podrías pasar conmigo un momento especial ahora mismo?"

A lo largo del día puede fomentar un comportamiento más positivo prestándole atención a sus hijos cuando los pesca haciendo algo bueno:

- No se conforme con sentirse afortunada cuando su hijo juega silenciosamente mientras el bebé duerme siesta; en ese momento, abrácelo, sonríale y dígale: "Gracias por jugar en silencio mientras duerme el bebé."
- Cuando le dice a su hija que haga algo y ella lo hace, dígale un cumplido: "Eres una gran ayuda para mí cuando haces lo que te pido. Gracias."
- Si su niño retraído comienza a jugar con el bebé y hasta se ríe, haga un comentario, diciendo: "A tu hermanito le gusta verte sonreír."
- Cuando su hijo comienza a llorar o exigir atención cuando está ocupada con el bebé, trate de contener

su propia molestia y ofrézcale una reacción positiva alternativa. Podría decirle: "En este momento estoy ocupada haciendo algo, pero te prometo que te daré toda mi atención en cinco minutos."

Una manera efectiva y divertida de asegurar que mantiene esta promesa es usar un cronómetro de cocina para recordarles, a usted y a su hijo, cuándo es hora de desviar el foco de su atención. Cuando los niños aprenden que sonará el marcador y usted <u>desviará</u> su atención del bebé en ese momento, pueden controlar mejor su comportamiento exigente.

Qué decir si sus hijos se enojan con el bebé

Usted sabe que sería dificil "ser amable" con la nueva compañera de matrimonio de su esposo. También puede imaginarse que un regaño de su esposo no la haría mostrarle más bondad al nuevo miembro de la familia. Así que tenga esto en mente cuando le pida a su hijo mayor "que sea bueno".

Ya sea intencionalmente o no, no es raro que los hermanos le hagan daño físico a los recién nacidos. Así que, obviamente, no los debe dejar juntos sin supervisión. También debería establecer reglas firmes, adecuadas a la edad de su hijo, sobre cómo tocar al bebé. Una vez que lo haya hecho, puede sentirse libre de dejar que sus hijos expresen oralmente sus sentimientos de enojo.

"¡Odio a ese bebé! ¡Devuélvelo!" –gritó inesperadamente una mañana Alicia, de cinco años.

Nuevo bebé en la familia

La mamá de Alicia se quedó sorprendida por la vileza de la declaración de su hija: "No te atrevas a decir eso de tu hermanito. No te ha hecho nada. Ahora eres la hermana grande y se supone que lo amas y que él te importa. Dí que lo sientes o vete a tu cuarto."

Alicia corrió a su cuarto, cerró dando un portazo y lloró hasta quedarse dormida.

Difícil como es oír a sus hijos gritarle epítetos odiosos a su nuevo bebé, trate de ser paciente. Si insiste en que su hijo mayor sólo diga cosas lindas sobre el bebé, puede establecer una restricción implícita a la expresión de los verdaderos sentimientos. Entonces descubrirá que, como en todas las situaciones de la vida, las emociones reprimidas finalmente encuentran su salida, pero a menudo de manera destructiva. Permítales a sus hijos decir cosas desagradables.

Cuando sus hijos expresen sentimientos negativos sobre el bebé, no se muestre horrorizada. En cambio, muestre comprensión y aceptación diciendo algo así como: "Parece que estás furioso con el bebé, quizá porque ha estado llorando mucho y necesita tanto de mi tiempo. Sé cómo te sientes."

La repetición de un año

Danielle, de diez años, está en un sistema escolar que exige que repitan el año todos los alumnos de cuarto que no alcancen las calificaciones correspondientes a su nivel en exámenes de evaluación estandarizados. Desafortunadamente, debido a este requisito, Danielle volverá a estar en cuarto año el año próximo.

José sufre de asma severo. El ausentismo excesivo lo hizo perder muchas tareas escolares este año. El próximo, repetirá tercer año.

Susan, que va en segundo año, tiene dificultades en la lectura para estar a la altura de sus compañeros de clase. Su maestra especial de lectura ha recomendado que Susan repita segundo año.

Timmy es uno de los niños más pequeños en su clase de jardín de niños. Su maestra dice que, aunque es muy inteligente, parece ser inmaduro desde el punto de vista de su desarrollo, porque no sigue las instrucciones, no presta atención ni está sentado durante mucho tiempo. Ha recomendado que Timmy pase otro año en el jardín de niños.

La repetición de un año

Estos niños se encuentran en el centro de un remolino de controversias. El debate sobre si hay que hacerles repetir un año a los niños continúa produciendo montañas de estudios de investigación. Por cada experto en educación y desarrollo infantil que condena la repetición hay otro que la apoya. En este capítulo no podemos resolver esta disputa, ni hay razón para intentarlo. Nuestro objetivo es ayudarlo a hablar con los niños que, por cualquier razón, deben repetir un año.

A veces la repetición es el resultado de una solicitud paterna, a veces es una orden de la escuela, a veces es una decisión conjunta de maestros, padres y niño. De cualquier manera que se tome la decisión de hacer que un niño repita año, el resultado es que muchos padres, en todo el país, tienen la difícil tarea cada año de hablarles a sus hijos sobre este tema delicado.

La obtención de los hechos

Tan pronto como es seguro que su hijo repetirá el año, arregle una entrevista personal con la maestra. Vaya preparado a hacer un montón de preguntas; necesitará tener absolutamente claras las razones por las que la repetición es la mejor opción para su hijo, para tener las respuestas cuando el niño grite "¿Por qué?" Antes de hablarle a su hijo, conozca las respuestas a estas preguntas:

- ¿El problema es de desarrollo o académico? Algunos niños simplemente no tienen suficiente madurez en su desarrollo como para que les vaya bien en la escuela. Aunque pueden ser muy inteligentes, los niños inmaduros en su desarrollo se quedan atrás de sus compañeros de clase emocionalmente y/o socialmente. Otros niños se quedan atrás en sus estudios académicos (especialmente en los años superiores) y necesitan tiempo para ponerse al nivel antes de seguir adelante. Si su hijo tiene una deficiencia de aprendizaje específica, pídale a la maestra que le muestre las calificaciones de los exámenes e identifique las áreas problemáticas.

- ¿Cuál es el programa educativo para el año siguiente? Pregunte si la escuela hará que su hijo repita el mismo programa curricular, o si ofrecerá un programa diferente con ayuda de un tutor. Pregunte si tendrá la misma maestra o una diferente.

- ¿Hay algo que su hijo pueda hacer en la casa para mejorar sus probabilidades de éxito escolar en el futuro? A veces los niños que participan más activamente en su propia educación sienten una sensación de realización que disminuye el golpe de haberse quedado atrás. ¿Hay juegos o proyectos que pueda hacer su hijo para aumentar su preparación? ¿Hay áreas de temas específicos que necesiten más atención que otras? ¿Sería útil un tutor? ¿Hay recursos extras que la escuela pueda ofrecerle?

Al hablarle a su hijo

Una vez que esté seguro que la repetición del año es la mejor o la única opción para su hijo, hay una cosa más que debe hacer antes de hablarle: asuma una actitud positiva. En gran medida, la aceptación de su hijo de repetir el año dependerá de cómo le dé usted la noticia. Sin importar cuál es la causa o quién tiene la culpa, no tiene objeto sumar su propia alteración o enojo a la carga que ya le pedirá a su hijo que lleve.

Asegúrese de haber aceptado completamente la repetición antes de hablarles a sus hijos, o lanzará acusaciones dolorosas como esta colección de comentarios coléricos: "¡Es tu culpa!", "Si hubieras prestado atención y te hubieras esforzado pasarías junto con tu clase", "Te dije que si no te tranquilizabas y te portabas bien no te iban a dejar pasar de año", "Bueno, quizá ahora aprenderás que si no estudias, no pasas".

Ya sea que la razón de la repetición del año sea de desarrollo o académica, y ya sea que su hijo esté en jardín o en cuarto año, no hay manera fácil de dar la noticia. En esta discusión inicial, su objetivo es proporcionar los hechos de manera serena y objetiva.

Después de haber obtenido los hechos de la maestra, busque un momento tranquilo, lejos de los demás niños, para dar la noticia. Comience siendo comprensivo y luego presente su decisión como una cosa positiva, diciendo algo como esto:

"Sé que este año te ha resultado muy difícil la escuela. Bueno, tu maestra y yo hemos hecho un plan que te ayudará a que te vaya bien en la escuela el año próximo. En lugar de pasar al año siguiente, vas a quedarte en el año en que estás ahora. Esto te hará uno de los niños más grandes, más felices y posiblemente más inteligentes de la clase."

La respuesta a los sentimientos de su hijo

Después de haber dado la noticia, lo que le diga a su hijo dependerá de la reacción de él. El niño puede responder inmediatamente con sentimientos violentos, o quizá medite la idea durante las vacaciones escolares y exprese sentimientos después. Sea cuando fuere que prefiera responder, probablemente no esté feliz con la idea, pero no permita que los sentimientos negativos del niño afecten su decisión. Si la repetición es la única opción, dígalo claramente y después ayude a su hijo a aceptarla. Si usted muestra indecisión o enojo, hará que la situación sea más difícil para el niño.

Deje en claro que comprende los sentimientos negativos de su hijo. Deje que grite, llore, gima o suplique. Ofrezca un hombro comprensivo, pero luego vuelva a los hechos y agregue una opinión positiva. Las siguientes son algunas reacciones negativas que podría experimentar su hijo y el tipo de respuestas que puede usar usted para desactivar esos sentimientos.

Cólera y obstinación

"¡No volveré a la escuela!"

- Refleje los sentimientos del niño: "Puedo ver que estás realmente enojado por esto."
- Ofrezca su comprensión: "Entiendo por qué te sientes así en este momento, y no te culpo."
- Mire el lado positivo: "Pero también sé que te enojas cuando la tarea escolar es difícil y te lleva mucho tiempo terminarla."
- Ofrezca apoyo constante: "En cualquier momento en que te pongas a pensar sobre tu clase del próximo año, puedes venir a conversar conmigo.

Estoy aquí para escucharte, y juntos haremos que el año próximo sea el mejor de todos".

Vergüenza

"¡Los chicos se van a reír de mí!"

- Refleje los sentimientos del niño: "Te sientes avergonzado y te preocupa lo que dirán los otros chicos."
- Mire el lado positivo: "Pero esta decisión también te puede hacer sentir orgulloso. El año próximo harás mejor las tareas porque sabrás lo que la maestra espera que tú hagas. Los demás chicos no sabrán las dificultades que tuviste el año pasado y ya no te sentirás avergonzado en tu salón".
- Ofrezca estrategias para enfrentar la situación: "Si los chicos de tu clase anterior se ríen de ti, ignóralos. Probablemente son los mismos chicos que se ríen de alguien cuando comete un error o le va mal en la escuela. Ahora tienes la oportunidad de hacer nuevos amigos".

Culpa

"¡Es tu culpa! ¡No debiste dejar que esto pasara!"

- Refleje los sentimientos del niño: "Estás enojado conmigo en este momento por ponerte en esta clase antes de estar preparado".

- Asuma alguna responsabilidad, si corresponde: "Debimos habernos dado cuenta que te hicimos empezar la escuela antes de que estuvieras listo. Cometimos un gran error y lo siento."
- Mire el lado positivo: "Pero ahora que comprendemos los problemas que has tenido, estamos seguros que ésta es la mejor decisión para ti."

Autocompasión

"¡Soy tan estúpido!"

- Refleje los sentimientos del niño: "Sientes que te están dejando atrás porque no eres inteligente."
- Explique los hechos positivamente: "La verdad es que sabemos que eres inteligente, pero todavía no has tenido la oportunidad de demostrarlo."
- Recuerde al niño que eso es común: "Muchos chicos repiten un año en la escuela, y eso no tiene nada qué ver con ser 'estúpido'. ¿Sabes que existen más niños que repetirán un año igual que tú?
- Mire el lado positivo: "La lucha por mantenerte a la altura de tus compañeros de clase el año pasado probablemente te hizo sentir que no eras tan inteligente como los demás. Pero al repetir el año ¡el año próximo serán los demás los que traten de estar a tu altura!

Moralismo

"No es justo"

- Refleje los sentimientos del niño y ofrezca su comprensión: "Entiendo por qué sientes que esta decisión es injusta contigo."
- Mire el lado positivo: "Pero tampoco es justo hacerte luchar por estar a la altura de tus compañeros de clase." Aquí podría usar la analogía con una carrera. Pregúntele a su hijo si sería justo tener que correr una carrera con niños que fueran más grandes y más fuertes. Después explíquele que él no estaba preparado para el primer año (o el año que fuere), que de algún modo los demás eran "más grandes y más fuertes", y por lo tanto a él se le está dando la oportunidad de volver a correr la carrera, compitiendo con niños que son más parecidos.
- Ofrezca apoyo: "Ahora que sé que has tenido tantas dificultades, esta vez voy a estar junto a ti, supervisándote y estimulándote, de manera que esta vez resultes un ganador."

Si puede convencer a su hijo de que repetir el año puede ser algo bueno, que no lo están castigando, que no "falló", que nadie está enfurecido con él ni desilusionado, entonces quedará dominada la parte más difícil de tratar de este tema.

Después, asegúrese de continuar con esta actitud estimulante y positiva cuando su hijo entre al próximo año escolar. Su apoyo firme suavizará las dificultades y los ocasionales momentos incómodos que seguramente se van a presentar.

Santa Claus (Papá Noel) y los Reyes Magos

"Jo, jo, jo! ¿Qué quieres para Navidad, pequeñito?"

Con lamentos de protesta, otro niñito se convirtió en parte del ritual navideño: la visita a Santa Claus.

¿Por qué, me pregunto, esta joven madre le estaba entregando alegremente su hijo que lloraba a un perfecto desconocido con un traje rojo y barba blanca? ¿Por qué todos estos padres estaban dispuestos a estar de pie en largas y lentas colas con estos niños temerosos, ansiosos y esperanzados? ¿Por qué estos padres fomentan en sus hijos la creencia en estos hombres míticos, omniscientes, amorosos y generosos?

Tomando en cuenta mi propia presencia en el centro comercial, también me pregunté por qué batallamos con multitudes de compradores para gastar más dinero del que podemos. Y para colmo, lo hacemos para darle gloria y crédito a otros personajes –uno o varios que entran secre-

Santa Claus (Papá Noel) y los Reyes Magos

tamente a nuestras casas en medio de la noche y mágicamente convierten en realidad los sueños de nuestros hijos.

¿Por qué lo hacemos?

Algunos padres que celebran la Navidad me han preguntado si no sería mejor decirles a sus hijos, desde pequeños, que no hay Santa Claus (ni Papá Noel) ni Reyes Magos. Muchos padres objetan que a veces Santa Claus comercializa una fiesta religiosa y convierte en codicia las ideas santas de los niños. Pero antes de derrocar el mito, tenga presente que los expertos en desarrollo infantil desde hace tiempo han animado a los padres a que sus hijos disfruten del mundo fantástico de Santa Claus.

Santa Claus personifica todas las características maravillosas de una fantasía viviente. Es un hombre misterioso que vive muy lejos y sin embargo ve todo lo que hacemos. Tiene un taller lleno de juguetes hechos por pequeños duendes. Tiene renos voladores que desafían las leyes de la ciencia. Y les deja juguetes a los niños y niñas que han tratado de ser buenos, aunque no lo hayan conseguido.

La Navidad es el cumpleaños de Cristo, y Santa Claus puede ayudar a que sus hijos experimenten la alegría de este nacimiento en los regalos que él les da para celebrar. En realidad, en lugar de arrebatarle a la fiesta su espíritu religioso, Santa puede realzarlo. Santa Claus les dice a los niños que está bien creer con todo corazón en algo que no han visto jamás (¿no es este mismo tipo de fe ciega el cimiento de la religión?)

Mire cuidadosamente las caritas aplastadas contra los vidrios de la ventana en Nochebuena; verá una fe devota y esperanza.

Santa Claus (Papá Noel) y los Reyes Magos

Los niños crecen demasiado rápido. Nuestra sociedad a menudo los empuja a un mundo de problemas adultos antes de que tengan todos los dientes permanentes. La creencia en Santa o en los Reyes hace que los breves días de la infancia sean mucho más especiales porque les da a los niños permiso para ser niños.

No podemos impedir que nuestros hijos crezcan, pero podemos saborear esta época de inocencia. Podemos atesorar cada grito de alegría y cada apagado susurro de suspenso. Podemos usar la pasión de nuestros hijos por Navidad para ayudarnos a recordar que no es sólo una época de dolores de cabeza y embotellamientos.

Por lo que personifica su creencia en Santa –bondad y generosidad– puede decirle sinceramente a sus niños: "Sí, Santa Claus existe."

Una vez que ha decidido transmitirle la historia de Santa o de los Reyes Magos, prepárese para ese día inevitable –cuando sus hijos tienen entre cuatro y diez años– en el que le preguntan si Santa Claus es real.

Hank Korolak, un papá del vecindario, nos habló de su reciente respuesta a esta pregunta. "Para ser honesto –dijo–, siempre pensé que la respuesta a esta pregunta se tomaba de los hermanos y amigos, pasando de los chicos más grandes a los más pequeños en voz baja, y que jamás la tendría frente a mí. Entonces mi propio hijo de ocho años me preguntó directamente: '¿Tú compras todos los regalos y los pones bajo el árbol o lo hace Santa?' "

Hank sabía que muchos de los amigos de su hijo ya sabían la "verdad", y no quería insistir en la fantasía si eso iba a convertirlo en objeto de burla. Pero recuerda que en ese

Santa Claus (Papá Noel) y los Reyes Magos

momento tuvo un sentimiento de pérdida. "Yo no quería que perdiera el asombro y la excitación que la pura creencia le da a la Navidad", dice Hank. "Así que vacilé y busqué una respuesta. No sabía qué decir".

Un estudio reciente de niños de clase media, de familias cristianas, reveló que a los cuatro años alrededor del 85 por ciento de los niños cree en Santa. A los ocho años, sólo un 25 por ciento sigue creyendo realmente, un poco más de la mitad están indecisos entre creer y no creer y alrededor del 20 por ciento no cree en absoluto. En ese momento, el hijo de Hank estaba entre los inseguros.

Así que ¿cómo debería contestar esa pregunta inevitable de "existe realmente Santa Claus?"

Primero escuche cuidadosamente para entender lo que sus hijos están preguntando realmente. Comience por voltearle la pregunta. Pregúnteles: "Bueno ¿tú que piensas?"

Una respuesta como: "Me parece que todavía creo en él (o en los Reyes) pero no se comió las galletitas que le dejamos el año pasado" (o los camellos no se comieron el maíz, o no se bebieron el agua), sugiere que su hijo está listo para la verdad pero quiere saber si está bien seguir creyendo. En este caso, siéntase libre de ofrecerle la certeza de que usted también cree en él (o en ellos) y que probablemente el año pasado sencillamente no tenían hambre.

Sin embargo, a medida que los niños aprenden más sobre el mundo en que viven y su visión de la línea entre fantasía y realidad se vuelve más claramente definida, sus preguntas sobre las contradicciones obvias en la historia de

Santa Claus (Papá Noel) y los Reyes Magos

Santa Claus pueden revelar una duda seria y un deseo de conocer la verdad. Los niños pronto se dan cuenta de que, por las leyes de la ciencia, un hombre o tres hombres no pueden visitar todas las casas del mundo en una noche y no es posible que lleven juguetes para todos los niños del mundo en un trineo o en tres camellos. En este caso, es hora de tener honestidad suavizada con espiritualidad.

Podría decirles a sus hijos: "En realidad, Santa Claus es una persona imaginaria. Pero en muchos sentidos, las cosas que ustedes creen sobre Santa son verdaderas. Santa es el espíritu de la Navidad. Ayuda a que los niños pequeños comprendan la idea de dar y de amar y de regocijarse por el nacimiento de Cristo. Ahora que son más grandes, pueden ver que ese espíritu vive en Dios. Es realmente Dios quien puede ver cuando ustedes son buenos y cuando son malos, y es Dios quien es amoroso y quien nos da el don tan precioso de la familia y el amor".

Al principio, el hijo de Hank no recibió bien la noticia. Preguntó: "¿Por qué me mentiste todos estos años?" Hank le devolvió la pregunta: "Cuando seas grande y seas padre ¿animarías a tus hijos a creer en Santa Claus? Apuesto a que sí, porque él es una parte gozosa de nuestra tradición. No creo que te hubiera gustado que yo te privara de toda esa alegría. Y además tengo la esperanza de que tus recuerdos de esos años te confortarán en todas tus futuras navidades".

(Esta técnica de voltearles la pregunta a sus hijos para descubrir cuánto quieren la verdad en realidad, es una estrategia eficaz para manejar también las preguntas sobre el ratón de los dientes).

Santa Claus (Papá Noel) y los Reyes Magos

La importancia radica en lo que Santa representa. Hablar sobre el espíritu que está detrás de Santa puede desalentar las preguntas de los niños sobre si usted realmente los engañó y puede ayudarlos a entender mejor el papel de la fantasía en la niñez.

Esta edición de 1000 ejemplares se imprimió en febrero de 1997, en Diseño Editorial, S.A. de C.V., Bismark 18, Col. Moderna, 03510, México, D.F.